ACTES SUD - PAPIERS
Fondateur : Christian Dupeyron
Editorial : Claire David

ISSN 0298-0592 ISBN 2-7427-2160-6

BERNARD-MARIE KOLTÈS

ANNE UBERSFELD

ACTES SUD-PAPIERS

CONSERVATOIRE NATIONAL
SUPÉRIEUR D'ART DRAMATIQUE

Apprendre 10

SOMMAIRE

Ma reconnaissance s'adresse, tout personnellement, à Annie Brunschwig, Madeleine Comparot, Yves Ferry, Hubert Gignoux, François Koltès, François Regnault, Claude Stratz – mais aussi à tous ceux qui ont, si bien, parlé de l'œuvre de Koltès.

LE JEUNE HOMME ET LA MORT

Je vis avec un Indien, mort il y a de nombreuses années. Comme cela se faisait à l'époque entre ennemis, sa tête a été vidée, la peau amollie, puis séchée sur des pierres. Ses cils et ses sourcils sont bien fournis ; ses lèvres, très belles, sont fermées par une petite ficelle, et il y a des lentes de poux dans ses cheveux. Les nuits d'orage, parfois, il faut que je me lève et que j'aille lui parler dans la chambre à côté[1].

Qu'est-ce qui fait la grandeur d'un écrivain de théâtre ? Deux choses d'abord : que son monde soit dans le rapport le plus exact avec le monde de son temps, qu'il l'exprime avec le plus de richesse et de force ; et qu'il ait un langage, le sien et non pas celui de ses contemporains, ou de ses personnages ou de telle couche sociale, le sien à lui, dans toutes les bouches qui doivent le parler – un langage que l'on reconnaisse. Koltès est cela : un miroir intelligent et en même temps un écrivain porteur d'une grande écriture.

A quoi se joint – paradoxe – le fait que, de toutes les questions qu'il pose, il n'en résout aucune, qu'il est le lieu d'une perpétuelle suspension, le carrefour des énigmes. Le contraire de Brecht – ou de ce qu'on imagine de Brecht –, à moins que Brecht, lui aussi… Si le texte donne toutes les réponses, à quoi bon la scène ?

Tout se passe comme si la trajectoire personnelle de Koltès, ce jeune homme qui très vite rencontre la mort et se vit confronté à elle, avait pour écho l'œuvre entière. Y a-t-il un rapport biographique ? Peut-être ou peut-être pas ; les liens entre l'œuvre et la vie d'un créateur sont des liens obscurs. Ce qui est sûr c'est que, dès *Sallinger* et malgré l'exception de *La Nuit juste avant les forêts* – mais est-ce une exception ? –, chacune des pièces raconte l'histoire d'un jeune homme confronté à la Mort ; chose évidente pour *Quai Ouest* où le dénouement même de la fable est cette mort "offerte", dit Koltès, au jeune héros par son ami noir. Noire la mort et masculine comme il se doit en pays germanique (*der Tod*, dit l'allemand, et la culture allemande est tout près de Metz). Mort (ou quasi-mort) du jeune homme dans *Le Retour au désert* – sans parler de l'autre jeune homme qui s'envole vers un… ailleurs. L'exemple le plus curieux, parce qu'il reste apparemment en marge, tellement discret qu'on ne le perçut clairement qu'à la dernière mise en scène de Chéreau, c'est l'exemple de *Dans la solitude des champs de coton*, où la mort n'est dite qu'au dernier instant. C'est le Dealer qui la parle d'abord, non sans détour : "Si vous fuyiez, je vous suivrais ; si vous tombiez sous mes coups, je resterais auprès de vous pour votre réveil ; et si vous décidiez de ne pas vous réveiller, je resterais auprès de vous, dans votre sommeil, dans votre inconscience, au-delà." Là le Dealer révèle son identité vraie : il est l'Ange de la Mort, celui qui ne quitte pas sa victime et demeure, debout au-dessus du cadavre. Et le client a compris qui, deux répliques plus loin, avoue : "Non, vous ne pourrez rien atteindre qui ne le soit déjà, parce qu'un homme meurt d'abord, puis cherche sa mort et la rencontre finalement, par hasard, sur le trajet hasardeux d'une lumière à une autre lumière, et il dit : donc ce n'était que cela[2]." Quant à *La Nuit juste avant les forêts*, ne pouvons-nous imaginer que, comme *Dans la solitude des champs de coton*, l'inconnu invisible, auquel s'adresse l'immense monologue, est – figure masculine – le bel Ange de la Mort ?

Reste *Roberto Zucco*. Il semble bien ici que le Jeune Homme bourreau-victime ait avalé l'Ange : ils ne sont plus qu'un. Une preuve, si besoin en était : ici c'est le Nom, figure du Moi, qui s'identifie à la mort, devient figure de la Mort. Roberto Zucco refuse de dire son nom à la Gamine.

"ROBERTO ZUCCO. – Impossible. Il pourrait m'arriver un malheur.

LA GAMINE. – Cela ne fait rien. Dis-le-moi quand même.

ROBERTO ZUCCO. – Si je te le disais, je mourrais.

LA GAMINE. – Même si tu dois mourir, dis-le-moi quand même." (Acte III de *Roberto Zucco*.)

Roberto Zucco apparaît alors le dialogue intérieur du Tueur et de la Mort, la Mort qu'il porte en lui avant qu'elle ne l'absorbe tout entier.

Le Jeune Homme et la Mort, thème clef de toute l'œuvre. Un mythe qui donne à la parole de Koltès sa grandeur majeure, qui est d'être pour nous la parole du mythe.

ITINÉRAIRE ET CRÉATION

Bernard-Marie Koltès est né à Metz, le 9 avril 1948. Lucien Attoun, l'interrogeant en 1988[1], s'étonne de lui voir arborer un prénom qu'il ne lui connaissait pas, celui de Marie. Koltès ne s'explique pas sur cet ajout, mais se contente de dire qu'il s'agit bien des deux prénoms qui figurent sur son état civil. Richesse androgyne, qu'il revendique.

Metz, cité de l'Est, vraie profonde province française, et l'écrivain ne se lassera jamais de dire sa détestation de la province – l'"exotique" pour lui, c'est cela, ces profondeurs-là, insondables, il le dira, violemment, et d'abord dans sa pièce *Le Retour au désert*. Pourtant, l'état de marche-frontière entre la France et l'Allemagne donne à Metz une ouverture qui peut-être se retrouve obscurément dans l'œuvre. D'ailleurs, dit-il, de Metz, il n'a rien à dire ; d'autant qu'il vit en plein "quartier arabe", voisinage qu'il n'oubliera plus.

Sa famille ? Elle est de petite-bourgeoisie, catholique ; son père est un soldat de métier, un officier qui fait ses campagnes d'abord en Indochine, puis en Algérie. Expériences de guerre. Et pourtant Koltès dit regretter que la mère ait choisi de ne pas suivre le père dans les territoires en guerre. Un père absent. Et voici que le père revient : il est un soldat diminué par les fatigues, et surtout par la défaite, cette profonde défaite qui va bien au-delà des revers mineurs de tel conflit colonial. "Au retour du père, dit Koltès[2], j'ai hurlé." Dire que le père n'était pas le bienvenu était un mot faible ; "il trouvait, dit Koltès, une femme rougissante d'émotion et trois marmots" qui semblaient se passer fort bien de lui. Et un pays qu'il ne comprenait plus. "Ma mère a pris le pouvoir, poursuit Koltès. Il est resté comme un pauvre con. Forcé à prendre sa retraite. La victime, c'est lui[3]." Et le même Koltès, qui dit sa rage devant l'arrivée du général Massu à Metz, n'a pas un mot pour accuser ce père condamné à faire la guerre, condamné, dit-il, "par les politiciens". Koltès avoue qu'il s'est beaucoup disputé avec son père dont il affirme pourtant le grand "sens moral" : "Il n'a jamais torturé personne. Il n'aurait pas pu." Et il ajoute : "Il a fait la guerre. C'étaient des guerres dégueulasses, mais il les a faites… on n'y peut rien. Beaucoup de gens sont allés en Algérie, et c'est pas des chiens pour autant[4]." Pas de condamnation morale.

Une parenthèse ici peut-être : le sentiment de soi des Français (je ne dirais pas le sentiment national qui est autre chose) n'a été que superficiellement atteint par la défaite de quarante du fait des Allemands. Après tout, ç'avait été notre tour en 1918, c'était leur tour cette fois d'être vainqueurs. D'autant que les Allemands se sont prudemment efforcés de persuader aux vaincus qu'ils étaient européens, que la défaite était un coup pour rien dans le grand combat mené par l'Europe, et que les Français gardaient un grand empire, provisoirement mis sous séquestre par la flotte anglaise.

Mais voilà qu'après une guerre, qu'on pouvait dire victorieuse, grâce aux Alliés… et aux Résistants, voilà que les peuples conquis, un peu bronzés, pour comble d'humiliation, leur prouvaient qu'il n'y avait plus d'empire. C'est ce "trauma" que raconte sous toutes sortes de formes l'œuvre de Koltès, en particulier *Le Retour au désert.* C'est ce que ressent autour de lui la bonne société de Metz.

La guerre d'Algérie… "Mon collège était en plein au milieu du quartier arabe. Comme à l'époque on faisait sauter les cafés arabes, le quartier était fliqué jusqu'à l'os. On nous conduisait littéralement jusqu'à la porte du collège – collège bourgeois[5]."

Le père : Il n'était présent que par les livres, ces livres qu'il envoyait à ses fils et que le plus jeune, Bernard, particulièrement dévorait.

Absence du père, prise de pouvoir de la mère : on oserait dire que l'homosexualité de Koltès est inscrite dans ces données. Ce que montre Jacques Lacan à propos de l'homosexualité, avec une parfaite clarté : "Ici, ce dont il s'agit, et qui peut revêtir des formes diverses se résume toujours à ceci : c'est la mère qui se trouve avoir fait la loi au père à un moment décisif (…) Il y a encore des cas où le père, le sujet vous en témoigne, est toujours resté un personnage très à distance dont les messages ne parvenaient que par l'intermédiaire de la mère[6]."

La mère : Lucien Attoun l'interroge : "En tout cas, votre père vous a manqué. B. M. K. – Oui ; beaucoup. Beaucoup. L. A. – Et la mère n'a pas remplacé… B. M. K. – Non[7]." Les réponses sont un "oui", un "non" tout secs. Un mal-être où la mère est impliquée. Peut-être y a-t-il une rancune profonde de Koltès contre sa mère. Rancune et passion, c'est tout un. Fuir, ce sera pour une part fuir la mère. Une mère qu'il recherche passionnément jusqu'à son dernier jour.

Le père est présent pourtant, une présence décisive, celle des livres qu'il offre ; présence capitale dans la lecture – la culture. Et les deux frères, premier lien, décisif.

La guerre d'Algérie : "En province, tout cela se passait quand même d'une manière étrange ; l'Algérie semblait ne pas exister et pourtant les cafés explosaient et on jetait les Arabes dans les fleuves. Il y avait cette violence-là, à laquelle un enfant est sensible et à laquelle il ne comprend rien. Entre douze et seize ans, les impressions sont décisives, je crois que c'est là que tout se décide[8]." Un détail curieux : enfant, il gagne un premier prix de beauté. La beauté, il l'aura toujours, jusqu'au dernier instant.

Etudes : Bernard a dix ans ; il devient élève au collège Saint-Clément de Metz. Il y est pensionnaire, puis demi-pensionnaire ; un univers d'adolescents ; et l'enseignement jésuite n'a pu que lui donner le goût de la littérature et de la controverse intellectuelle.

Il lit, l'un de ses auteurs préférés, Jack London. Il commence la musique, par le piano, qu'il n'aime guère et auquel il renonce vite. Mais la passion de la musique le tient. D'abord de la musique classique : il aime passionnément Bach, puis Scarlatti, mais aussi Chopin. Il retourne à la pratique musicale en 1965, mais c'est l'orgue, qu'il désire, avec Bach et l'enseignement de Louis Thiry. Plus tard, il aimera le jazz américain, avec la même passion – le blues, le reggae, puis le rap.

Lectures : celle d'abord de tout adolescent de son temps, Jules Verne, par exemple ; mais il découvre aussi *Les Misérables* de Hugo, qu'il lira d'un trait, et qui ne le quitteront plus. Est-ce l'œuvre qui lui permet de comprendre que les analyses psychologiques traditionnelles sont "des conneries provisoires" ? Le désir, le besoin d'amour loin de tout investissement sexuel : c'est ce que ne pouvaient manquer de lui dire, aussi, *Les Misérables*. Un peu plus tard – il a seize ans –, il rencontrera, comme le fit Claudel, le poète de la révolte, Rimbaud, pour lequel il conçoit une sorte de culte : il ira en pèlerinage sur sa tombe, à Charleville, et dans sa chambre, il y a un portrait de Rimbaud. Ce que lui dit Rimbaud, c'est une leçon qu'il n'oubliera plus, c'est que, pour être un écrivain, il faut être un poète. Par une sorte de paradoxe, Rimbaud, c'est une voie royale pour aimer le théâtre : le besoin de l'Autre, de l'autre voix.

Le théâtre, il l'a déjà reçu : c'est Molière – un cadeau, les deux tomes de la Pléiade –, qu'il annotera sans trêve, avant de s'essayer à le mettre en scène, au collège. Molière, c'est un théâtre "classique", et il ne renoncera jamais à une construction classique de la dramaturgie. Lecture des classiques encore, d'Homère à Shakespeare. Il a la chance de rencontrer un professeur aussi pris dans la culture classique que proche de tout ce l'on peut appeler la culture des modernes, en particulier, le cinéma, Jean Mambrino, enseignant, mais aussi, à la revue

Esprit, critique de cinéma et de théâtre : il fait connaître à son jeune protégé l'univers du cinéma, tout particulièrement le cinéma italien, rencontre essentielle avec ce rapport à la réalité quotidienne et à la violence affective.

Les philosophes, d'abord ceux de l'âge classique, et c'est à la fois Descartes, dont il lit les *Méditations métaphysiques* et le *Traité des passions*, et, plus proche de lui peut-être, Pascal, qu'il rencontre tout jeune et auquel il se remettra beaucoup plus tard ; jansénisme de Pascal, jansénisme de Racine : le péché originel, la faute, toujours déjà là, parcourent son œuvre.

Koltès lit Dostoïevski, Gorki, mais aussi Claudel. Ce que Koltès emprunte à Claudel, ce n'est pas une formule dramaturgique, mais l'audace de tricoter ensemble, sans peur, le langage de tous les jours et le plus haut du lyrisme. Il lit, certes, mais il sort aussi, avec ses amis, dont une jeune fille, Madeleine Comparot, dont il restera toujours proche : elle sera sa première lectrice, sa correctrice.

New York : En 1967, il a dix-neuf ans, il fait une tentative sans lendemain : il s'inscrit dans une école de journalisme. Juste assez longtemps pour se convaincre qu'il ne veut pas travailler, qu'il ne travaillera jamais. Ecrire, oui, ce qui est rarement une activité artistique lucrative. En fait, Koltès ne gagnera d'argent que pendant les toutes dernières années de sa vie. Sa chance et sa vertu étaient d'avoir des amis qui faisaient confiance à son talent. L'amitié, la fraternité, ce sont ses mots clefs, il en connaît le sens.

Puis l'année suivante, ce sont deux expériences décisives : le voyage d'abord – qu'il vit comme une sorte d'arrachement au nid familial ("Ah, les foutus attachements !" dira-t-il, pensant à sa mère). Un nid dont il ne s'éloignera jamais vraiment. Les événements de Mai 68 ne l'avaient pas intéressé outre mesure ; il ne s'en est pas mêlé. Comment convainc-t-il sa famille ? On ne sait. "A dix-huit ans, j'ai explosé. Ç'a été très vite, Strasbourg, très vite Paris, et très vite New York, en 68. Et là, tout d'un coup la vie m'a sauté à la gueule. Il n'y a donc pas eu d'étapes, je n'ai pas eu le temps de rêver de Paris, j'ai tout de suite rêvé de New York. Et New York en 68, c'était vraiment un autre monde." "Un autre monde"... le choc de l'énormité, par sa dimension. Mais surtout le choc de l'Autre. Non pas l'Autre, noir ou basané, l'Autre, tout simplement. Il pensera toujours qu'il faut voyager jeune "après, on n'apprend plus", dit-il et il précise : "(...) Je sais que tout ce que j'ai accumulé, je l'ai accumulé entre dix-huit et vingt-cinq ans. Tout, tout. Après on a largement de quoi écrire toute une vie[9]." En fait, il avait eu une possibilité de poste de moniteur de camp de vacances au Canada. Il part avec une amie, mais très vite fausse compagnie à tout le monde et rejoint New York.

New York le comble, lui permet peut-être d'accéder à l'âge adulte. Premières expériences sexuelles, sans doute pour ce sage enfant des jésuites. Mais c'est alors sans nul doute l'excès, la rage. Yves Ferry : "Avant New York, il ne connaissait rien ; là il a fait toutes les expériences sexuelles possibles, sans la moindre précaution ; toutes les maladies vénériennes, il les a eues, il les a cherchées." Dans ce monde très particulier de la drague homosexuelle de New York.

Dans une lettre citée par Yan Ciret[10], il écrit : "(...) J'irai m'allonger au soleil à Central Park, sans idées noires et plein d'idées noires. Puis je descendrai Broadway pour aller à mon bar préféré, *Peter Rabbit*, un lieu que j'aime plus que mon lit, plus que le ventre de ma mère ; où il me pousse des racines sous les pieds (...) C'est sur les quais de l'Hudson. Et après, ivre de Coca, de whisky, de sourires, d'images de romans de Jack London, je vais au bord de l'eau, les docks à droite (...). Je suis en train de créer à l'intérieur de moi des besoins et des accoutumances qu'il me sera difficile de satisfaire ailleurs."

Une autre expérience, simultanée, décisive, est la lecture intégrale de Shakespeare, en anglais.

Strasbourg ; le théâtre : Il va vivre à Strasbourg, en compagnie de son frère François. Avec lui il continue à fréquenter les salles obscures ; "Nous voyons parfois le même film plusieurs fois", dira François Koltès, et un jour, lors d'une projection, il chuchotera à l'opérateur qu'il se trompe et rectifiera l'ordre des bobines. Quels films ? Tous les films, les américains, les français, les russes. Il s'éprendra plus tard du *Roublev* de Tarkovski. Et il sera figurant dans le film de Chéreau, *L'Homme blessé* (1982).

Surtout, il retrouve le théâtre. Les textes de Molière montés à l'école avec les copains et à New York, la lecture de Shakespeare, il lui faut une rencontre vivante. Et c'est tout son itinéraire qu'il explique à J.-P. Han, en 1983 : "La première fois que je suis allé au théâtre, c'était très tard ; j'avais vingt-deux ans. J'ai vu une pièce qui m'a beaucoup impressionné, une pièce que j'ai oubliée mais avec une grande actrice, Maria Casarès. Elle m'avait impressionné et tout de suite, je me suis mis à écrire[11]." Et qu'est-ce que cette pièce que Koltès a "oubliée" ? C'est la *Médée* de Sénèque, bien plus dure que celle d'Euripide (adaptation de Jean Vauthier, mise en scène de Jorge Lavelli, en tournée au Centre dramatique de l'Est en janvier 1969). Et peut-être n'est-ce pas un hasard si ce qui lui ouvre la voie de l'écriture théâtrale, c'est la tragédie de la maternité, cette tragédie dont l'existence de Bernard-Marie Koltès ne s'est jamais parfaitement guérie.

Ecrire… Il faut peut-être un déclenchement extérieur : ici, dit-il, "parce que des copains me l'ont demandé (…) Il voulaient faire une adaptation de… d'un Gorki je crois… Mais ils étaient incapables, incapables d'écrire… Moi je venais de voir Casarès (…) Alors j'ai dit : Moi je saurai. Je pense à Casarès et je saurai. Je l'ai fait, comme ça. Je ne sais pas ce que ça vaut[12]." Ecrire… écrire pour le théâtre. Toute sa vie il dira que son vrai désir c'est d'écrire un roman. Devons-nous le croire ? Ce n'est pas évident, dans la mesure où ce coup de pouce du destin qui déchaîne en lui l'écriture s'appelle le théâtre.

Tout de suite, il écrit à sa mère : "Me voici à la veille de me mettre au service du théâtre. Je prends le risque avec bonheur. (…) Si j'échoue je serai un raté mais me domine l'espoir d'une vie pleine à déborder. (…) Je risque mon âme, mais quel bonheur si je peux dire à la fin de ma vie : grâce à Dieu, j'ai risqué, mais j'ai gagné[13]."

Le théâtre, c'est aussi une façon de provoquer. Claude Stratz cite une lettre du 12 février 1969[14], où il dit son "plaisir d'aller à contre-courant". Mais il crie aussi, comme dans la lettre à sa mère, le même désir d'une vie follement pleine : il est "un banquier (…). J'ouvre les yeux, les oreilles et tous les sens pour amasser tout ce que je vis. Plus je ramasse, plus j'ai envie d'en ramasser."

Ecrire : sa première pièce, *Les Amertumes*, reprise du texte de Gorki, *Enfance*, est créée à Strasbourg, au Théâtre du Quai, joué par les copains, mis en scène par un certain Bernard-Marie Koltès, dont l'ignorance du théâtre doit tout de même être relative ou feinte… Or ce spectacle est vu par Hubert Gignoux. Et que fait-il ? Deux gestes essentiels sans lesquels nous n'aurions sans doute pas, ni sous cette forme, l'œuvre de Koltès. D'abord, il dit à Koltès : Continuez. "C'est surtout lui qui m'a fait écrire, parce que, moi, je ne l'aurais pas fait. Il m'a dit : «Continuez ! Continuez !» Et il a insisté. J'ai écrit une autre pièce. Très mauvaise, d'ailleurs, il me l'a dit (…) J'ai écrit, j'ai écrit. Un peu par la force des choses… Et après c'est devenu une nécessité, quoi[15]."

Admirable analyse d'un processus : il y a un jugement sur la première œuvre, positif ; on continue, fortement encouragé, après quoi le jugement suivant, négatif, donne force, rétrospectivement au premier jugement positif : on croit en la parole de l'homme qui décide, puisqu'il ne se laisse ni impressionner ni séduire par l'amitié. Et "les copains" demandent des textes ; on écrit. Après quoi l'écrivain s'aperçoit que là, dans l'écriture (dans l'écriture du théâtre), est la nécessité intérieure qui le meut.

Gignoux : son importance est autre encore, matérielle. Il offre à Koltès une bourse pour l'école du Théâtre national de Strasbourg (TNS). C'est pour le jeune homme la délivrance, la libération financière de la famille et la possibilité de faire "ce qu'il veut faire". Ses "copains" étaient "des gens qui voulaient entrer au TNS". "Moi je n'en avais aucune envie... On me l'a proposé. Enfin, on m'a proposé une bourse, et ça, ça m'a fait y entrer[16] !" "On", c'est Hubert Gignoux. Etre comédien ? Pas question. Technicien, oui : "Alors j'ai un peu appris la technique. Tout le reste m'ennuyait. La technique, non. Ça m'a passionné : l'éclairage[17]." On ne s'étonnera pas de voir dans le texte des pièces de Koltès l'importance des didascalies touchant à la lumière, comme si ces variations de la lumière étaient partie intégrante du mouvement dramatique (voir en particulier les jeux de lumière de *Quai Ouest*, *Combat de nègre et de chiens* et surtout *Roberto Zucco*).

Ecritures : Il s'aperçoit qu'il écrit assez facilement. C'est un privilège qui ne durera pas ou plutôt, c'est une facilité qu'il perdra quand il cessera de faire des adaptations et voudra créer des textes originaux. "Au TNS, dit-il, j'ai continué à écrire des pièces et à les monter avec des élèves comédiens. J'ai continué comme cela pendant huit ans, sans qu'aucune soit jouée sur un vrai théâtre[18]." Sur *Les Amertumes*, Yves Ferry donne un témoignage important : "Les acteurs étaient tous des amateurs, mais ce qui était formidable, c'était la grande tenue du spectacle, la rigueur de l'écriture et de la mise en scène. Je me souviens que c'était très fragmenté, sans beaucoup de dialogues. Le texte semblait taillé dans des espèces de blocs bruts, des blocs de monologues que les acteurs disaient parfois au bout d'eux-mêmes, au bout de leur voix, et ça donnait l'impression d'une grande pureté dans le travail[19]." On voit là des traits du travail de Koltès, que l'on retrouvera : la rigueur d'abord, puis la fragmentation, et la présence des grandes coulées verbales, monologues ou soliloques.

Après *Les Amertumes*, créée en mai 1970, il écrira et mettra en scène, au même théâtre du Pont-Saint-Martin à Strasbourg ou dans l'église Saint-Nicolas, dit Yves Ferry[20], une adaptation (assez lointaine) du *Cantique des Cantiques* – d'après la traduction d'Henri Meschonnic *(Le Chant des Chants).* Koltès y donne au duo amoureux des Epoux, proche du modèle biblique, un étrange et sinistre contrepoint, celui des Fiancés qui marchent dans un univers de catastrophe. Il sera toujours un fervent lecteur de la Bible : il songera encore à un écrit biblique aux derniers jours de son existence. Cette pièce, *La Marche*, sera jouée au même théâtre en février 1971. Puis c'est une autre adaptation, celle de *Crime et Châtiment* de Dostoïevski, sous le titre de *Procès ivre*, mise en scène de Koltès, même théâtre, printemps 1971, assortie d'un tournée en Bretagne en juillet.

Mais Koltès, ayant perfectionné son instrument, se lance dans l'écriture personnelle ; il écrira une série de textes qui ne sont plus des adaptations, mais qu'il se gardera de publier, n'en étant pas parfaitement satisfait. La première est *L'Héritage*, histoire de famille quelque peu confuse, et où l'on ne devine pas encore la grande écriture de Koltès.

Le texte sera créé à Radio-France Alsace, réalisateur Jacques Taroni, 1972, et repris à France Culture dans *Le Nouveau Répertoire dramatique* de Lucien Attoun (réalisation Evelyne Frémy), 1972. En 1974, dans les mêmes conditions,

Radio-France Alsace, puis France Culture, produisent *Des voix sourdes*.

Entre-temps, il aura créé et monté à Strasbourg, toujours dans le même petit théâtre, une nouvelle pièce *Récits morts* (1973). Puis il se lance dans une sorte d'adaptation rêvée d'*Hamlet*, qui porte le titre parlant de *Le Jour des meurtres dans l'histoire d'Hamlet*, titre caractéristique par l'insistance sur la temporalité courte et sur la violence.

A partir de ce moment, se confirme sa décision de ne pas travailler, et de vivre comme il pourra de sa plume. "A vingt-cinq ans, j'ai dit : jamais je ne travaillerai… jamais je n'aurai de patron… jamais je ne me lèverai à heure fixe… Et je me suis entêté, parce que je me suis dit : la vie ne vaut pas la peine (…) Très tôt je me suis dit : il y a des choses que je ne ferai jamais, je ferai exclusivement ce que j'ai envie de faire[21]." Et il ajoute : "J'ai galéré, jusqu'à… je ne sais plus." En fait, il vit difficilement mais il y a sa famille, il y a des amis qui croient en lui et l'aident.

En 1974, il commence son seul roman, *La Fuite à cheval très loin dans la ville*, titre étrange où l'on peut repérer une contradiction. "Mon rêve absolu est d'écrire des romans (si je n'écris plus de romans, c'est pour la simple raison que je ne peux pas en vivre). Je refuse par ailleurs de faire un quelconque métier, même un métier paralittéraire. J'écris et je m'en trouve bien, même si c'est dur, même si c'est contraignant ; il en résulte de grands moments de plaisir[22]." Le roman est écrit à Pralognan, dans ces montagnes de Savoie qu'il aimait, et terminé en 1976.

C'est, semble-t-il, après s'être confronté à l'écriture romanesque qu'il trouve enfin son écriture dans l'univers théâtral, comme si la soumission à une discipline autre, ou plutôt à une discipline moins contraignante, l'avait affermi dans ce qui, malgré ses récriminations, deviendra son seul projet, sa seule tâche (malgré quelques tentatives en direction du roman encore, ou du scénario de cinéma)

L'amour-haine du théâtre : Koltès ne se lassera jamais de dire sa haine du théâtre, de son milieu, de sa pratique : "Je ne fréquente pas les salles, je ne fréquente pas les plateaux. Je ne fous jamais les pieds sur un plateau. Jamais, jamais... Non, ce n'est pas un lieu pour moi (...) Je me sens mieux dans des cafés arabes[23]." Isaach de Bankolé raconte comment, pendant les représentations de *Quai Ouest*, il s'isolait dans la loge pour écouter un disque de Tracy Chapman : "Quand il venait au théâtre, il restait dans cette loge et quand la représentation était finie, il repartait[24]." N'exagérons rien : bien des moments de théâtre, quand on jouait à sa convenance ce qu'il avait écrit, lui ont valu des heures de joie. Pourtant à Lucien Attoun, il dit encore, fin 1988, peu de mois avant sa mort, qu'il a très peu d'amis et "aucun dans le métier. En dehors d'Isaach de Bankolé[25]."

Fasciné par la Russie, par ses écrivains d'abord, il s'en va en voiture faire un grand voyage en URSS. Des suites de ce voyage on ne sait pas grand-chose, si ce n'est qu'en 1976 il s'inscrira au parti communiste, y militera activement, suivra même l'école du Parti, avant de se désengager au moment de l'intervention russe en Afghanistan. Mais il ne renonce pas à ses devoirs de citoyen, le vote entre autres.

De 1973 à 1976, Koltès n'écrit pas ; il essaie de la drogue, mais se désintoxique assez vite, peu persuadé par cette expérience-là : "En fait la came amène à un emballement qui est absolument personnel et qui ressemble étrangement à celui qu'on pourrait avoir sans cela ; c'est ce qui m'avait frappé quand j'en prenais[26]." Cependant, il vit une sorte de dépression qui lui fait faire en 1975 une tentative de suicide.

LA NUIT JUSTE AVANT LES FORÊTS

L'œuvre de Bernard-Marie Koltès, de son propre aveu, commence avec *La Nuit juste avant les forêts*, en 1977. "Il y a une coupure très nette entre *La Nuit juste avant les forêts* et la pièce qui précède, *Le Jour des meurtres dans l'histoire d'Hamlet*. Il y a d'abord beaucoup de temps, trois ans, trois ans pendant lesquels je n'ai rien fait et où je pensais ne plus jamais écrire. Et quand je me suis mis à écrire, c'était complètement différent, c'était un autre travail[27]." Il est vrai que l'écriture change, que le rapport à la scène se trouve modifié, et que sans doute le spectateur est conduit à un mode d'écoute autre. Ce texte semble correspondre à ce qui est la nouveauté du théâtre contemporain, c'est-à-dire le monologue. Mais ce n'est pas un monologue, c'est un soliloque – ou ce que je préfère appeler un quasi-monologue, c'est-à-dire un discours adressé à quelqu'un qui ne répond pas. Un homme seul, dans la rue, sous la pluie, parle à un autre homme, jeune sans doute, dont l'existence ne paraît pas imaginaire. Il ne lui demande rien, ou s'il lui demande quelque chose, la demande est à la fois si forte et si confuse qu'elle apparaît quasi négative. Pas d'action, pas de réponse, et le texte n'est structuré que par les aller et retour de la réflexion du locuteur. En même temps le spectateur ne peut pas ne pas percevoir comme une demande obscure.

Yves Ferry, qui avait joué Raskolnikov dans *Procès ivre*, se voit confier le rôle du passant parlant dans *La Nuit juste avant les forêts*. Après le TNS, Yves et Bernard étaient restés proches, "on ne s'était pas lâchés (...), dit Ferry. Et il a décidé d'écrire pour moi *La Nuit juste avant les forêts.* Il y a dans le personnage de *La Nuit juste avant les forêts* des petites choses qui sont moi ou un rêve de moi[28]." L'écriture de K. soutient un rapport si intime avec sa personne, son vécu et ses expériences qu'il n'y a pas de raison de douter de ce témoignage. Yves Ferry raconte la première mise en scène de *La Nuit juste avant les forêts* : "On a fait une première présentation du texte chez Jean-Paul Wenzel et Claudine Fiévet. Ils ont été très séduits. Ils nous ont aidés financièrement à descendre à Avignon. Le spectacle se jouait place Crillon, dans un hôtel des ventes, un lieu du *off* qui n'existe plus. Le premier jour on a joué devant trois personnes. Puis, de jour en jour, il y a eu plus de monde et à la fin il y avait une cinquantaine de personnes par soir." Une mise en scène absolument dépouillée, à l'excès : Yves Ferry disait son texte assis à une table ; tout reposait sur la force émotionnelle de l'acteur. Après Avignon, la pièce est reprise à Villeneuve-d'Ascq, puis au petit TEP, avec le même acteur, mais cette fois la mise en scène est de Moni Grego ; elle est jouée, la même saison, en de multiples lieux, avec la musique de J. Sénia : un vrai succès.

Yves Ferry se souvient de cette "promenade mythique", et de son personnage "perdu, noir, dangereux, bouleversant et dérisoire[29]".

Et c'est en 1981 que Koltès, avec *La Nuit juste avant les forêts*, atteint la notoriété : la pièce est montée au Petit-Odéon à Paris ; Jean-Luc Boutté était le metteur en scène, et Richard Fontana, moins "intérieur" qu'Yves Ferry, oscillait, dit Gilles Sandier[30], entre "un narcissisme hystérique" et "des retours à l'enfance assez émouvants". Un décor de glaces et une atmosphère de bistrot.

Rien d'étonnant à ce que K. tienne *La Nuit juste avant les forêts* pour son vrai premier texte. On y voit apparaître tout ce qui fait l'œuvre. Le personnage d'abord, qui, s'il ressemble à Yves Ferry, ressemble aussi à l'auteur, par la solitude, le besoin de l'Autre, la demande – demande d'amour ? Les thèmes ensuite, l'exclusion, la violence, le désir passionné de rapports qui ne seraient ni d'argent, ni de sexe. Enfin l'écriture, la forme soliloque et selon la belle formule d'Anne-Françoise Benhamou, chez K. enfin, "cet équilibre singulier entre langue parlée et langue écrite qui sera désormais le sceau reconnaissable entre tous de son écriture[31]".

Le texte est écrit facilement, d'une seule traite, la particularité en est le continu, cette coulée du langage comme le flux d'un irrésistible désir de communiquer ; pas de ponctuation forte, rien que le mouvement de la respiration, et une sorte de tressage des thèmes, qui donne à tout le texte son rythme musical de fugue – mais qui rend aussi toute citation difficile :

"Et la pute du quatrième, moi je l'ai vue morte, au cimetière, et maintenant d'y penser, vieux, rien que d'y penser, cela me rend malade, à donner envie de boire (s'il n'y avait pas la question d'argent), de se barrer d'ici (si on savait où aller), d'être dans une chambre, vieux, où je puisse parler, ici, je n'arrive pas à dire ce que je dois te dire, il faudrait être ailleurs, personne autour de soi, plus cette question d'argent et cette saloperie de pluie, à l'aise, comme assis dans l'herbe et des choses comme cela, qu'on n'ait plus à bouger, tout son temps devant soi, avec l'ombre des arbres ; et alors je dirai : c'est chez moi, j'y suis bien, je me couche et tchao, mais, ça, vieux, pas possible, tu as déjà vu quelque part qu'on te laisse à l'aise, tu as déjà vu qu'on te laisse te coucher et tchao[32] ?"

La Nuit juste avant les forêts est l'un des textes contemporains les plus joués, non seulement à cause de la force du texte, mais parce que peu coûteux en matériel et en personnes, il est une magnifique partition pour un comédien chargé non seulement de défendre un contenu affectif, mais de rendre plausible et comme immédiate la présence de l'Autre, invisible. La réaction de beaucoup de comédiens est de jouer surtout l'agressivité, la révolte contre la société – ce qui risque d'affaiblir singulièrement le propos. Pourtant Anne Thobois, non sans raison, voit dans le personnage anonyme de *La Nuit juste avant les forêts* la première image de ce qui deviendra pour finir *Roberto Zucco*[33].

Pour Koltès, en 1976, une première commande : Sallinger, pièce inspirée des nouvelles de l'auteur américain Jerome David Salinger, et où apparaît la figure du jeune homme dont la vocation est la mort.

Bruno Boeglin : "Il était complètement fauché. Nous lui avons passé une commande. (…) Je lui ai proposé de suivre un travail d'acteurs que nous allions faire sur un romancier que j'adore, J. D. Salinger, puis de nous écrire un texte à partir de là (…) sur ce qu'il voulait, en lui donnant carte blanche. Il est donc resté avec nous trois mois (…) Il regardait, sans rien dire. Puis il s'est retiré et nous a rapporté *Sallinger*, inspiré, très librement, de l'ensemble de l'œuvre. C'est une pièce à huit personnages qui raconte l'histoire d'une famille américaine[34] (…)" Et Boeglin remarque "l'importance du thème de la famille dans l'œuvre de K.[35]".

Après le suicide du jeune homme, la famille – y compris la très jeune veuve du suicidé et le frère, dont le rôle est essentiel – ne sait plus comment vivre cette mort inexpliquée. Toute la fin de la pièce joue sur une syncope du temps : un retour final ramène au suicide.

Sallinger est créée à Lyon au théâtre L'Eldorado, dans une mise en scène de Bruno Boeglin (janvier 1977). Et Bernard voit sa pièce sur scène, ne la supporte pas ; il dit : "Si c'est ça que je dois continuer à faire, j'arrête d'écrire. Je vais me balader." S'en va faire un tour, ne rentre pas de la nuit et conclut : "Si je continue à écrire, ce n'est plus cela que je ferai… J'ai eu l'impression d'être revenu des années en arrière[36]." Il fait disparaître les exemplaires, refuse de laisser publier ce texte, qui ne reparaîtra qu'en 1995, aux Editions de Minuit.

Voyages : K. fait un beau jour ses confidences à Bruno Boeglin sur son voyage de 1978 en Amérique : "Il ne m'apprit rien sur le Mexique, mais il m'a parlé du temple maya de Tikal enfoui dans la forêt vierge au nord du Guatemala, proche du village de Flores. Il me parla aussi du Nicaragua, situé au sud entre le Honduras et le Costa Rica. Il avait séjourné dans ce pays quelques mois avant le triomphe de la révolution sandiniste de juillet 1979. Invité à Managua, la capitale, dans la famille d'un ami, il atterrit de nuit, dans un avion en provenance de Miami, où le nombre de passagers, huit plus lui, le rendit immédiatement suspect aux autorités frontalières. Le président-dictateur Anastasio Somoza de Bayle venait une nouvelle fois de fermer les frontières du pays, de décréter l'état de siège et d'établir le couvre-feu à partir de 22 heures. A l'aéroport, Bernard fut entièrement déshabillé, fouillé et sérieusement intimidé par les militaires avant d'apprendre que les personnes qui devaient l'héberger avaient fui et que l'unique possibilité qui lui était offerte était de rejoindre l'hôtel *Intercontinental* au centre de la ville, là où sa sécurité pouvait être assurée. Il s'y rendit à pied, parcourant la carretera del Norte, pendant quinze kilomètres, ébloui par les phares des camions militaires qui patrouillaient dans la capitale. Il arriva épuisé au centre de la ville, jeta un coup d'œil à droite sur le Palacio nacional, sur la cathédrale détruite par le tremblement de terre de 1972, et sur les centaines de mètres carrés de bidonvilles construits en carton et en tôle ondulée, devina la présence d'un vaste plan d'eau infect, évita le trou sombre d'un égout, enjamba un ivrogne qui dormait et prit à gauche, près d'une fontaine à sec, la rue qui escaladait la colline en direction du repaire en béton de Somoza. A mi-hauteur (…) trônait l'*Intercontinental*, horrible pyramide qu'un architecte imbécile avait dessiné avec les traits d'un temple maya. Là, il y avait toujours de l'eau, de l'électricité et beaucoup à manger. Bernard entra et prit une chambre. Il calcula qu'il pouvait tenir trois jours, pas quatre (...) (Puis) Il partagea pendant plus d'une semaine la maison en terre battue d'une famille de Managua. (...) Somoza rouvrit les frontières (...), et Bernard quitta le pays en autobus, difficilement[37]." Telles sont les expériences que le hasard, mais aussi peut-être son propre sens de la provocation, offraient à Koltès. En Afrique, plus tard, avec Chéreau, il fut attaqué par de vrais-faux policiers, dépouillé de son argent, mais par chance, ni blessé, ni tué.

Le Nicaragua eut une autre conséquence : mettre en difficulté les structures de sa pensée politique, comme si, devant de telles réalités, les repères se confondaient et les certitudes ne donnaient plus de réponses. Il en sera de même après l'Afrique.

L'Afrique : Pour finir, cette même année 1978, il touche son rêve, l'Afrique, qu'il découvre brutalement. C'est le Nigeria. Révélation d'un continent, d'une vie et de l'homme africain. "Ma première vision de l'Afrique (...) Dès que j'ai franchi les portes de l'aéroport, toutes les idées de l'Afrique que j'avais emportées dans mes bagages se sont figées en cette scène : un policier noir était, à grands coups de matraque, en train de battre un de ses frères. J'ai avancé dans la foule et me suis heurté immédiatement à une barrière invisible mais omniprésente, qui mettait symboliquement les Blancs d'un côté et les Noirs de l'autre. J'ai regardé vers les Noirs. J'avais honte des miens ; mais une telle haine brillait dans leurs regards que j'ai pris peur, et j'ai couru du côté des Blancs[38]." Un autre récit, qui raconte autrement le même type d'horreur : "J'ai débarqué à Lagos, qui est le Chicago de l'Afrique. Et la première chose que j'ai vue en descendant de l'avion, c'est quand même un cadavre qui flottait sur le fleuve. C'est ça qui m'a immédiatement dégoûté de tout le folklore africain (...) Et puis ensuite, je me suis trimballé en camionnette avec les chefs de chantier, d'un chantier à l'autre pour rejoindre les amis qui y travaillaient (...) Donc ma première vision de l'Afrique – et j'en suis bien content – a été très très violente[39]." Et dans les notes autour de *Combat de nègre et de chiens*, on retrouve ce cadavre. C'est Léone qui le voit : "(...) apercevant le ciel sans soleil et sans nuages, un vol tournoyant d'aigles ; apercevant sur une rivière un groupe d'éperviers noirs perché sur un corps gonflé obèse, déjà blanc de décomposition, qui flotte doucement – étouffant un petit cri, une main sur la bouche : Quel petit grain de sable on est, ouh[40] !" L'expérience du voyage au Nigeria nourrit bien évidemment cette œuvre-là, mais aussi toute la suite des pièces.

L'Afrique devient le lieu central – visible ou occulté – de l'écriture théâtrale : "J'avais besoin d'aller en Afrique pour écrire tout (...) Pour moi l'Afrique, c'est une découverte essentielle ! Essentielle pour TOUT. Parce que c'est un continent perdu. Absolument condamné. (...) C'est comme un bateau qui chavire et qui est très rempli de gens et qui est perdu ! Il n'y a aucun espoir. C'est pour ça que je dis qu'il est essentiel de voyager très jeune. Ça vous resitue un peu dans le monde (...) Quand je pense qu'il y a des mômes qui passent TOUTE leur journée à faire l'aller jusqu'au puits et le retour du puits (...) on se dit : mais comment on peut encore s'intéresser à des problèmes sentimentaux (...) Ils passent leur journée à ça et ils meurent à la fin en ayant passé leur vie à chercher de l'eau. Je vous jure que ça vous remet à votre place. Je ne dis pas qu'on est obligé d'y penser tout le temps, parce qu'on deviendrait fou (...) Pour moi l'Afrique c'est un truc décisif pour TOUT, pour tout, pour tout. Je n'écrirais pas s'il n'y avait pas ça. S'il n'y avait pas cette espèce de souvenir derrière la tête, qu'on est d'incroyables privilégiés, qu'on n'est pas intéressants, qu'on n'est rien[41]." Ce sont là des aveux d'une importance extrême, et d'abord le refus de K : il ne racontera pas d'histoires sentimentales, parce que ce n'est pas intéressant ; il y aura épars dans son œuvre ce sentiment diffus que Hugo nommait la compassion, et partout, il y aura "un nègre, même petit, même caché". A nous de le découvrir.

COMBAT DE NÈGRE ET DE CHIENS

L'Afrique est là, elle pèse de tout son poids dans cette pièce où l'on ne voit rien de l'Afrique – seul un chantier de construction –, où, sauf un, les personnages sont blancs, même le chien qu'on ne verra qu'au dernier instant, mais qu'on entendra. La fable est extrêmement simple ; sur un chantier quelque part en Afrique, le contremaître Cal a tué un ouvrier dans un coup de colère absurde. Une jeune femme arrive de France pour devenir la compagne du chef de chantier ; elle tombe à un mauvais moment. Le frère du mort, Alboury, vient réclamer le corps, mais Cal ne peut pas le rendre parce qu'il l'a jeté dans l'égout ; il essaie bien de le récupérer, mais ne le retrouve pas. La femme est envoûtée par l'Afrique, le meurtrier ne sait comment s'en tirer, le chef de chantier non plus. Cela ne peut que mal finir, une fin à demi tragique, à demi grotesque. Cal sera tué, par qui ? La jeune femme, Léone, "jolie petite bonne de Pigalle", repartira pour Paris, "blessée, marquée", mais vivante, plus vivante. Tel est le canevas simple, presque simplet, qui structure la première pièce de K. dont le succès lui valut la gloire.

Le texte est nourri, vigoureusement, d'une expérience de cette Afrique des chantiers, dont une admirable lettre à Hubert Gignoux nous donne un aperçu. Ce sont les hommes blancs du chantier qui l'intéressent : "Les hommes quittent chaque lundi la cité pour gagner leur lieu de travail, souvent situé à une centaine de kilomètres. Ils vivent ainsi en célibataires jusqu'au samedi soir, où ils rejoignent leurs épouses soumises et la cuisine familiale. Le club est leur lieu de loisir, chaque soir après le travail – sorte de petit bar éclairé au néon, où l'on parle bouffe, cul, nègres et rêves européens, servis par quelques stewards noirs qui n'en sont pas à une humiliation près. Cette réunion d'hommes qui toute la journée travaillent ensemble, que rien ne peut unir sauf le goût de l'argent, est d'un sinistre que tu peux imaginer. (...) On m'abreuva d'informations : qu'il me suffirait d'une semaine ici pour devenir raciste ; que chacun se fait construire sa petite maison dans les Cévennes, à grands frais, pour «plus tard» ; que les femmes nègres sont toutes putes, sans exception, pas désagréables, mais que je ne manque pas de me désinfecter après, et que je ne sois pas effrayé la première fois, car elles ont toutes le clitoris coupé et les lèvres du vagin tailladées : discours racistes d'handicapés mentaux ; totale méconnaissance en politique, certitudes sommaires, convictions aussi violentes et définitives que sommaires. Un ancien rapatrié d'Algérie (...) ne savait qu'une chose, c'est que le bougnoule avait voulu sa peau, et que lui prendrait un jour sa revanche, et qu'il la reprenait déjà, par Nigérians interposés. Le même jour, un Africain était mort sur le chantier, écrasé par un Caterpillar. On m'en mit plein la vue pour me montrer que le fait était banal, presque quotidien, risible, sain, et prouvait à quel degré cette petite société, réunie au club autour d'un verre, parlant si gaiement entre Blancs, était faite d'hommes durs expérimentés, souverains, des vrais, quoi[42]."

Point de départ vécu de la fable de *Combat de nègre et de chiens.* Mais ce qui est absolument remarquable et donne une lumière inattendue sur son écriture, c'est que de ces hommes dont il ne cache nullement dans sa lettre le mépris qu'ils lui inspirent, il trace dans sa pièce – de Horn et même de Cal – un portrait humain ; pas de caricatures, donner sa chance à chacun. C'est toujours la "compassion".

Cette lettre si explicite fait état d'un autre thème de réflexion : comme en Amérique latine, K. se pose en termes angoissés la question du politique : "Non vraiment, la lutte des classes n'est ni une chose simple, ni même prévisible ; les voies de la lutte des classes sont impénétrables. Commment croire une révolution possible dans les marais de l'incohérence, de la corruption, de la morale (apparente) du profit et de la servitude acceptée. Tout est là pour que l'explosion ait lieu, et l'explosion semble impossible. Les lois des antagonismes sociaux sont si peu mécaniques que… on finit par douter de leur existence[43]." Que reste-t-il à faire ? Désespérer ou… écrire ; le désespoir politique est un moteur pour la création, seule libération pour l'homme seul, pour l'artiste. Il se dit : à moi seul, je ne peux pas changer le monde, mais je puis le montrer. On comprend comment et pourquoi l'expérience africaine, jusqu'en ses détails, explose en ce chef-d'œuvre : *Combat de nègre et de chiens.*

Le texte n'est pas écrit sous le coup de la découverte, il a besoin de temps. C'est la loi de toutes les créations koltésiennes : il leur faut une maturation qui se traduit souvent par une écriture profuse, se disciplinant avec le temps. L'année suivante, au Guatemala, sur les bords du lac Atitlán, en pays maya, "j'ai écrit *Combat…* dans un petit village où l'on ne parlait même pas espagnol. J'y suis resté deux mois[44]." C'est là qu'il écrit son œuvre africaine. Sortir de l'immédiate expérience, mais ne pas se retrouver non plus dans le cocon européen. Un autre "ailleurs", poétique et laissant peut-être à la poésie africaine le temps de fleurir, de se dégager de l'horreur et de la révolte.

La poésie : ce serait une erreur de croire que ce qui l'emporte dans l'expérience africaine, c'est le mal. Attoun lui demande : "Mais alors qu'est-ce que vous aimez ?" Il répond : "Les Africains (…) Ce qui m'intéresse, c'est les Africains. Comme en Amérique latine : la seule chose qui m'intéresse, c'est les gens." Le corps africain. Mais les fleurs aussi, il écrit à Hubert Gignoux, ces lignes qui sont un poème : "Oh, si tu voyais, comme je vois, marchant sous les bougainvillées, celui que je vois de ma fenêtre marcher, à peine vêtu d'une chemise (et dans le soleil sa peau et ses yeux phosphorescents comme les statues lumineuses des vierges de Lourdes dans la nuit !) – le soir quand tu marcherais seul, tu prendrais dans tes mains la branche mauve et rose de la bougainvillée, et tu la caresserais avec tes lèvres ; tant ces fleurs sont belles ; elles n'ont pas de parfum[45]." Et la comparaison n'est pas innocente qui remonte aux rêves sensuels et religieux de l'enfant Bernard-Marie ; lui-même sait bien que cette "perception (...) (le) renvoie à cette perversion qui sous d'autres cieux, me pousse à rôder dans les profondeurs du drugstore Saint-Germain[46]". On voit ici l'émouvante source autobiographique du discours d'amour que Léone adresse au Noir Alboury, et de ces fleurs qui la fascinent : "*(en montrant une fleur de bougainvillée).* Cela on ne le trouve pas ailleurs que dans les pays chauds ? Or je les ai reconnues, venant de très loin[47] (...)." Un bouleversement psychique, c'est ce qu'avoue Bernard Koltès : "Je savais bien que tant de beauté réunie me ferait perdre pied, et si je la consomme à dose infinitésimale en France, ici, où elle s'offre à mon regard, et à mon regard seulement, dans une telle proportion, je sens la fermeté de mon jugement être ébranlée, je sens sourdre en moi des éléments obscurs et douteux[48]."

Là encore et par un autre biais, c'est la création qui se dit ici, la nécessité de la création : submergé par la beauté, par le désir, il ne lui reste d'autre choix, devant la crainte d'erreurs "intellectuelles" (de "jugement"), que de transformer l'expérience en œuvre.

Comment K. lui même voit-il le rapport de son texte avec l'expérience africaine ? Il s'en explique et commence par une vigoureuse dénégation, non, *Combat*... ce n'est pas l'Afrique : la pièce "ne parle pas, en tout cas de l'Afrique et des Noirs – je ne suis pas un auteur africain –, elle ne raconte ni le néocolonialisme, ni la question raciale. Elle n'émet certainement aucun avis[49]." Il faut prendre au sérieux cette dénégation, malgré son caractère paradoxal : il est vrai que *Combat* n'a pas pour mission de dire l'Afrique, que son projet et son effet sont autres et plus "universels". Immédiatement après ce "non !", K. poursuit par un souvenir : "Imaginez en pleine brousse une petite cité de cinq, six maisons, entourée de barbelés avec des miradors ; et à l'intérieur une dizaine de Blancs qui vivent, plus ou moins terrorisés par l'extérieur, avec des gardiens noirs, armés, tout autour. C'était peu de temps après la guerre du Biafra, et des bandes de pillards sillonnaient la région. Les gardes, la nuit, pour ne pas s'endormir, s'appelaient avec des bruits très bizarres qu'ils faisaient avec la gorge (...) C'est ça qui m'avait décidé à écrire cette pièce, le cri des gardes. (...) J'ai cru – je crois encore – que raconter le cri de ces gardes entendu au fond de l'Afrique, le territoire d'inquiétude et de solitude qu'il délimite, c'était un sujet qui avait son importance[50]." C'est ce que K. appelle la "métaphore".

ERRANCES

Voyager, toujours ; en 1979, il retourne en Afrique, c'est l'Afrique francophone, cette fois, qu'il aime moins, la Côte-d'Ivoire : "Les pays francophones, j'aime pas trop, pour tout dire. Les pays anglophones, c'est beaucoup plus dur, d'abord ils ont été beaucoup moins influencés par les colons. Ce qui fait qu'ils ont une espèce d'autonomie, comme ça... un orgueil ! Magnifique[51]."

A Paris, il rencontre toutes sortes de personnes qui lui importent. Patrice Chéreau d'abord, qui a lu ses textes. Puis les écrivains Copi, Guy Hocquenghem, figure marquante des intellectuels homosexuels ; il devient l'ami du peintre Luis Caballero, colombien. Tout le monde évolue autour de Pigalle. En même temps, il se remet à Pascal, qui nourrit sa pensée – et son œuvre : pour lui, comme pour Racine, le "mal", ce qu'il appelle la "malédiction", est *toujours déjà là*.

Il revient du Guatemala, où il a passé plusieurs mois ; il y a écrit *Combat*, publié par Lucien Attoun en "tapuscrit". La pièce est présentée et mise en voix par Gabriel Monnet, au centre culturel de la communauté française de Belgique à Paris (diffusé sur France Culture le 31 janvier 1980). Le texte est immédiatement réédité chez Stock, dans la collection "Théâtre ouvert" dirigée par le même Lucien Attoun. K. obtient une bourse du Centre national des Lettres. Et *La Nuit juste avant les forêts* est publiée aussi dans la même collection. Mais ce qu'il veut vraiment, il l'attend encore : c'est être mis en scène par Chéreau.

C'est un moment de silence dans l'écriture. Il lit beaucoup, il découvre Conrad : "Si on lit *Typhon* de Joseph Conrad et *Les Travailleurs de la mer* de Victor Hugo, on trouve dans les deux romans une vision cosmique du monde (...) Une expérience ordinaire prend ainsi chez des écrivains les dimensions d'un océan et la complexité et l'éclat des phénomènes naturels[52]." Mais voir "une expérience ordinaire" prendre "la complexité et l'éclat des phénomènes naturels", n'est-ce pas justement l'ambition de Koltès écrivain ? N'est-ce pas ce qu'il recherche, lorsqu'il part d'expériences communes ou accidentelles pour leur donner sens ?

Il lit *Les Sept Piliers de la sagesse* de T. E. Lawrence, qui sera l'un de ses livres de chevet. Il fréquente les cafés blacks de Paris et prend un grand goût pour les chanteurs noirs américains, une passion qui ne le quittera plus. Puis en 1981 et 1982, il retournera à New York (quatre mois en 1981). Il y accumulera, sans intention peut-être, les matériaux de sa prochaine œuvre. En 1982, à New York, il adapte *Le Lien de sang* d'Athol Fugard, qui sera joué au festival d'Avignon dans une mise en scène de Yutaka Wada. En 1981, c'est la reprise de *La Nuit juste avant les forêts* au Petit-Odéon. Et on commence à le solliciter pour l'écriture de nouveaux textes : Jacques Toja lui demande une pièce pour la Comédie-Française.

CHÉREAU MONTE *COMBAT DE NÈGRE ET DE CHIENS* (1983)

Dès qu'il commence à écrire pour la scène, K. n'a qu'une idée : que son théâtre soit mis en scène par Chéreau ; il a vu (plusieurs fois, et avec passion, *La Dispute* de Marivaux, 1973). Il veut Chéreau, pour des raisons fortes, qui ne tiennent pas seulement à l'admiration qu'il lui porte, mais à la nature de son écriture : il lui faut un metteur en scène qui sache débusquer le désir là où il se cache, là où il ne se dit pas, mais doit être montré par des moyens scéniques concrets. Il y a plus : le metteur en scène de K. comme celui de Marivaux doit savoir faire fi des motivations psychologiques traditionnelles.

C'est encore Hubert Gignoux qui est le *go-between*, l'homme qui permet à Chéreau de comprendre qu'il a en face de lui un grand texte. Patrice Chéreau : "C'est un hasard et pas. C'est grâce à Hubert Gignoux, qui a toujours énormément défendu Koltès, que j'ai découvert *Combat de nègre et de chiens*. Koltès me l'avait envoyé par la poste, et je n'y avais pas fait vraiment attention. Et puis j'ai rencontré Gignoux qui savait qu'il s'agissait d'un grand auteur, d'une écriture. Je l'ai lue. Et même si, au départ, je n'y suis pas entré tout de suite parce que ça parlait d'histoire d'Afrique, d'un chantier – tout un monde avec lequel je n'avais pas d'atomes crochus –, j'ai compris à la première ligne qu'il s'agissait effectivement d'un véritable auteur, mais un auteur comme il n'y en a pratiquement pas en France[53]." Pourtant, Chéreau hésite à monter un contemporain : "Par rapport aux classiques, dès qu'on aborde les textes contemporains on se place sur un terrain beaucoup plus délicat : il n'y a plus de mode d'emploi[54]." Il attend donc "et il a fallu que Lucien Attoun me proposât une «mise en espace» (lecture active d'une pièce par des comédiens, dans un espace, en principe sans décor et sans costumes) pour déclencher en moi la révolte. Plutôt que de m'en tenir à une façon fallacieuse d'«aider» la pièce en me donnant bonne conscience, j'ai décidé de la monter. Plus tard m'est venue l'idée (...) d'ouvrir la première saison du Théâtre des Amandiers avec *Combat de nègre et de chiens*[55]."

Là s'ouvre une merveilleuse aventure, celle de la rencontre de deux artistes, un grand auteur, un grand metteur en scène, rencontre qui a une histoire, des tensions, un apprentissage mutuel : "J'ai appris beaucoup de choses à côtoyer son monde, dit Chéreau. C'est moi qui suis allé vers lui et non l'inverse. Cette vision irrémédiable qu'il avait (...) et pour la première fois, je me suis plié à l'écriture de quelqu'un (...) La familiarité avec une écriture, avec le travail de quelqu'un, cela modifie la relation que l'on a avec tous les textes. La façon dont j'ai pu lire, comprendre *Hamlet*, doit beaucoup à Bernard-Marie Koltès[56]."

Le choix du texte de K. est doublement important : "Pour cette première saison (celle du Théâtre des Amandiers à Nanterre dont Patrice Chéreau était le nouveau directeur), j'avais choisi deux œuvres contemporaines, *Combat* de Koltès et *Les Paravents* de Genet. Cette double programmation, autour du continent africain et de l'Afrique du Nord, répondait à une logique : replonger dans l'empire colonial français. Avec tous les comédiens algériens, nord-africains ou blacks sur le plateau, il régnait à Nanterre une ambiance très forte et très sauvage. Je m'en souviens comme d'une période formidable, d'une confrontation à une matière théâtrale brûlante et magnifique[57]." Les spectateurs aussi se souviennent. Et si Koltès voulait oublier l'Afrique, Chéreau s'en souvenait pour lui.

Quand Patrice Chéreau parle de sa mise en scène, il commence par ce qui a sans doute été premier dans son travail, la conquête d'un espace ; d'accord avec son complice de toujours (depuis 1969), le scénographe Richard Peduzzi, il adopte deux principes, la bifrontalité, d'une part, le gigantisme, de l'autre : "J'avais déjà, dit-il, expérimenté la bifrontalité, deux ans auparavant lorsque j'avais monté un spectacle à Munich sur le procès de Vaclav Havel : dans un dépôt de tramway, j'avais disposé des gradins face à face, comme l'avait déjà fait Ariane Mnouchkine à la Cartoucherie. Au moment de monter *Combat* dans la petite salle, la même idée s'est imposée, d'autant que Richard Peduzzi et moi, nous étions très impressionnés par la vision à l'entrée de Nanterre, au milieu de terrains vagues, d'un gigantesque pont d'autoroute interrompu, aujourd'hui démoli." A quoi se joint l'Afrique, mais laquelle ? "La nécessité de représenter ce pont s'est renforcée au cours d'un voyage que nous avons effectué au Nigeria en compagnie de Bernard sur les chantiers occidentaux, les lieux mêmes où il avait écrit la pièce[58]." (Légère inexactitude : ce sont les lieux qui l'ont frappé : il l'écrira plus tard, ailleurs.) "Plus qu'en Afrique, l'action se situe dans un territoire français au cœur de l'Afrique, dans une de ces enclaves entourées de fils de fer barbelés où vivent les ingénieurs des chantiers[59] (...)" Lieu inhumain, inachevé, ruiné, dont l'énormité mécanique, œuvre de l'homme, écrase de sa monstruosité l'homme qui tente de le faire vivre : l'espace est aussi un espace sonore, et Chéreau revendique sa fidélité : "Tout était dans la pièce. J'ai essayé de restituer fidèlement les bruits divers indiqués dans les didascalies. Par rapport à l'importance accordée habituellement au travail sur le son, la pièce m'a aidé à explorer de nouvelles pistes. A partir de l'épisode de la panne du générateur, j'ai commencé à fabriquer le silence sur un plateau : avec des fréquences de groupe électrogène ou de simples grésillements indétectables à l'oreille, j'installe des plages de silence apparentes ; lorsque ces bruits indiscernables s'arrêtent brutalement, le public entend un silence devenu total dans toute sa profondeur[60]." Une difficulté pourtant : "Je n'arrivais pas à me figurer les cris off des gardes invisibles[61]." Alors, il invente de montrer les gardes, et au cours d'une pause de faire entendre, d'une petite camionnette Peugeot tranportant des ouvriers, la chanson *Cry Blood Africa*, qu'aimait Bernard Koltès. Une autre "infidélité" : le metteur en scène demande à K. de supprimer le fait que Léone tutoie le Noir Alboury, et de raccourcir la scène d'amour. K. donne son accord.

Le spectateur pénétrant dans la salle reçoit le choc énorme du décor. Comment éviter qu'un tel espace n'écrase les paroles ? Il faut des comédiens magnifiques, capables de donner le maximum d'un texte tout en préservant ce non-dit (peut-être indicible) que Vitez appelait "la réserve d'incarnation". L'interprétation du chef de chantier Horn par Piccoli était proprement sublime : il dit la faiblesse, l'impuissance tragique, l'envie de vivre et cette étrange passion pour son travail, pour cette mythique Entreprise qui a pris sa vie. Philippe Léotard assurait avec une étonnante maîtrise discrète le rôle du meurtrier, la jeunesse ravagée, la destruction intérieure et la façon désarmante avec laquelle il récite la litanie de ses préjugés racistes : perpétuellement le comédien montre un homme "comme tout le monde", ici à la limite de la déraison ; il disait magnifiquement les couplets de demande d'amour adressés à Léone. Sidiki Bakaba était une sorte de force quasi muette, une présence massive, inquiétante et innocente ; mais, de son propre aveu, le personnage gênait Chéreau : “J'ai eu des difficultés avec Alboury[62].”

Reste Léone. Elle est le point central, le creuset des désirs, et K. l'a voulue telle, “l'intuition formidable de Bernard, dit Chéreau, avec cette femme naïve et magnifique, transportée directement de Pigalle en Afrique[63]”. Centrale pour Chéreau : “Sans elle, sans son voyage, nous, dans la salle, n'aurions peut-être jamais rien vu.”

Cette femme, c'est Myriam Boyer qui la joue. Et elle prend en compte consciemment, et le dit, trois aspects clefs du personnage : d'abord son intensité passionnelle, qui lui fait, pour Alboury dont elle s'est éprise, renier son état de femme blanche : “Oh, je suis tant habituée à être ce qu'il ne faut pas être, il ne me coûte rien d'être nègre par-dessus le marché. Si c'est pour cela, Alboury, ma blancheur, j'ai déjà craché dessus depuis longtemps, je l'ai jetée, je n'en veux pas[64].” C'est cette richesse du personnage qui lui donne sa souplesse, lui permet de parcourir toute une série d'épreuves, d'être confrontée à toutes sortes de situations et surtout de rapports ; et Myriam Boyer remarque : “Pour jouer les états successifs, les pulsions qui la poussent, en très peu de temps d'un homme à l'autre, il ne faut pas avoir d'*a priori* sur le personnage[65].” Enfin ce qui étonne dans le personnage, c'est son imbrisable vitalité, que Myriam Boyer traduit avec force : “Elle est remplie de cette vitalité des petites gens, dit-elle, qui ont l'habitude de prendre des coups dans la gueule[66].” Pour finir, elle dit : “Bernard partageait ce point de vue. Léone agit comme un révélateur des autres personnages. Quelqu'un qui est capable d'un comportement pareil amène tout le monde à se transformer. Sur scène, j'avais parfaitement conscience de l'importance extrême de mon trajet par rapport à la vie de ces hommes[67]." Elle montre à quel point elle a perçu l'importance du concret pour le théâtre de K., pour Léone, elle invente un geste : "La violence des petits milieux, j'ai toujours vécu dedans, toute petite (...) A partir du moment où j'étais arrivée à cette connaissance «pas trafiquée» de Léone, j'ai trouvé en répétition le geste du bras devant la figure comme si elle esquivait par avance les coups et qu'elle était toujours prête à en prendre. Ce geste de défense, je l'ai gardé presque tout le temps sur scène (après les scarifications, je l'ai abandonné, parce que Léone après cette automutilation n'en n'avait plus besoin[68])." Travail sur le concret, aussi précis que le texte de K.

Le spectacle eut un très grand succès, et l'admiration allait également au texte, à la mise en scène, à l'espace grandiose, à l'étonnante prestation d'acteurs proches de la perfection, à tout un "ensemble" qui laisse à qui l'a vu un grand souvenir. Une analyse intéressante de Bernard Dort met au jour une sorte de distorsion entre la scénographie et le texte : "Entre cette autoroute immobile, qui pèse tout son poids (...) et les paroles ressassées de leurs obsessions, il y a disproportion. Le talent des comédiens n'est pas en cause (Michel Piccoli est plus virtuose que jamais), ni l'acuité avec laquelle sont dessinés leurs personnages. (...) Le désaccord, le hiatus est plus profond, il tient à une différence de nature entre le milieu construit par Chéreau-Peduzzi et l'espace dramatique de ce *Combat*. Comme si le spectacle rêvé – cette vision d'un bout du monde, d'un crépuscule de l'Occident – et le spectacle joué ne parvenaient pas à coïncider tout à fait. Alors le milieu est amené à ne plus fonctionner que pour lui-même[69]." Plus tard j'ai vu d'autres mises en scène qui m'ont persuadée à la fois de l'extraordinaire difficulté du texte et de sa force scénique. J'ai vu dans un petit théâtre de banlieue, à Juvisy, un *Combat de nègre et de chiens*, monté en 1995 par Gérard Lorcy sans aucun des prestiges de Nanterre, l'envoûtement ne prenait pas la même forme, mais était là, sans décor, avec simplement un placement des comédiens dans l'espace. "La scène, très petite, est conçue comme une sorte d'arène ouverte, les fauteuils des spectateurs, de plain-pied avec elle, sont disposés en rangées à trois endroits du cercle. Une sorte d'armature en bambou court tout au long du décor. Le «lointain» et le «pont inachevé» ne sont évidemment pas suggérés, mais l'existence d'un plafond bas donne une sensation d'oppression et de chaleur[70]." Moussa Sowie, qui joue Alboury, dit : "Dans la mise en scène de Gérard Lorcy, j'ai pu explorer la relation capitale entre Léone et Alboury. Cette femme, ciment des autres personnages, tous pris dans une confrontation de combat, qui représente, elle, l'esprit de Koltès : elle fait vers le Noir le pas qu'il voudrait que chacun fasse[71]." C'est la vertu des plus grands : le théâtre est là, toujours.

QUAI OUEST

L'année 1983 voit la mise en scène de Chéreau et la gloire toute neuve de Koltès enfin reconnu. Il continue à lire, beaucoup, Faulkner, entre autres. Perpétuellement il va au cinéma ; il suit les grands réalisateurs, mais il aime aussi, passionnément, les films de kung-fu ; un peu plus tard sur le film de Berry Gordon, *Le Dernier Dragon*, il écrira son seul texte de critique cinématographique[72]. Il donne des interviews, il apparaît à la télévision ; il y a sur son œuvre des entretiens à la radio. Il retourne à New York au printemps et écoute les groupes de rap à Washington Square. Mais, à l'automne 1983, ce sont les premiers signes de la maladie du sida.

De sa maladie, il ne parlera jamais, même dans l'interview de Lucien Attoun, fin 1988, quand la mort est toute proche et qu'il le sait : "Le reste était pour lui silence", dit François Regnault, dans son magnifique texte. "Ce dont il est mort et ne parlera jamais. Considérant cela, la maladie, celle qui porte aujourd'hui l'article défini, comme une affaire privée, qui devrait aussi peu intéresser les contemporains que les conjonctions heureuses, divines où elle s'attrapait, et dont il réputait le bonheur furtif si fulgurant, surtout lorsqu'il est pris auprès de noirs passants, qu'il en est indicible, et que lui non plus ne concerne pas autrui[73]." Rien de personnel ne vaut d'être dit, sinon passé au filtre de l'écriture et transformé.

A présent, il va falloir, jusqu'à la mort, vivre et créer. Fin des satisfactions amoureuses, tant il est terrorisé à l'idée de contaminer quelqu'un. Restent les joies de l'amitié et de l'écriture : "Sa raison de vivre était l'écriture", dira son frère François Koltès[74].

Et il achève l'écriture de *Quai Ouest* ; en été 1982, il disait à Jean-Pierre Han : "En ce moment j'écris une pièce dont le point de départ est aussi un lieu. A l'ouest de New York, à Manhattan, dans un coin du West End, là où se trouve l'ancien port, il y a des docks : il y a en particulier un dock désaffecté, un grand hangar vide, dans lequel j'ai passé quelques nuits, caché. C'est un endroit extrêmement bizarre – un abri pour les clodos, les pédés, les trafics et les règlements de comptes, un endroit pourtant où les flics ne vont jamais, pour des raisons obscures. Dès qu'on y pénètre, on se rend compte que l'on se trouve dans un coin privilégié du monde, comme un carré mystérieusement laissé à l'abandon au milieu d'un jardin, où les plantes se seraient développées différemment : un lieu où l'ordre normal n'existe pas ; mais un autre ordre, très curieux, s'est créé. Ce hangar va bientôt être détruit : le maire de New York, pour sa réélection, a promis de nettoyer tout ce quartier, probablement parce que de temps en temps un cadavre y est jeté à l'eau.

J'ai eu envie de parler de ce petit endroit du monde, exceptionnel et, pourtant, qui ne nous est pas étranger ; j'aimerais rendre compte de cette impression étrange que l'on ressent en traversant ce lieu immense, apparemment désert, avec, au long de la nuit, le changement de la lumière à travers les trous du toit, des bruits de pas et de voix qui résonnent, des frôlements, quelqu'un à côté de vous, une main qui tout à coup vous agrippe[75]." Ce "poème" est un texte révélateur du processus de création chez K. : on reconnaît ici le "fait divers", le cadavre dans l'eau, mais surtout l'expérience absolument personnelle… et l'espace. Pourquoi le poète s'est-il "caché" dans ce lieu clandestin ? Drogue ? Liaison avec un garçon en délicatesse avec les forces de l'ordre ? Plus probable, mais il ne nous le dira pas. Un détail parlant : un contact possible avec "une main qui vous agrippe", ce contact avec l'inconnu qui est une des "situations" clefs, chez K. Le plaisir de l'irrégulier, du danger peut-être. Encore une expérience de l'exception. Un aveu : c'est l'étrangeté du lieu qui l'attire, comme s'il y reconnaissait un désir informulé – informulable. Comme s'il disait : ce lieu-là n'est pas du monde, logique, policé, mais d'un autre monde qui est le mien – celui de mon écriture, de mon poème.

Avec *Quai Ouest*, Koltès inaugure une formule nouvelle, sans rapport avec celles de *La Nuit juste avant les forêts* ou de *Combat* : dépassant la structure classique à peu de personnages de *Combat*, c'est une structure "implexe" à multiples personnages, avec comme dans la pièce précédente une opposition entre ceux du dehors et ceux du dedans, mais surtout une nouveauté, qui ne restera pas sans lendemain : c'est l'intervention massive de la Famille. Premier drame de la famille – complète avec père, mère et enfants. La famille et les "copains".

Chéreau, qui s'est juré de ne plus laisser échapper aucun texte de Koltès, s'apprête à monter *Quai Ouest*. Et lui est proposée tout de suite "une difficulté, qui tient à son origine même trop précise[76]" : "Au départ, dit Chéreau, l'invention de *Quai Ouest* part de l'histoire d'un lieu, le hangar lui-même." Et comme pour *Combat*, le metteur en scène veut voir ce lieu : "Nous sommes d'ailleurs retournés ensemble avec Bernard à New York dans les anciens docks où subsistaient quelques hangars inemployés, voués à la démolition. Ce hangar, c'est presque le personnage principal de la pièce[77]." Remettre ses pas dans les pas de l'auteur. Mais K. lui-même, si proche de son expérience personnelle, refuse d'identifier l'œuvre à ce concret du vécu : "Il faudrait oublier que le point de départ de cette pièce est New York, ce hangar, et le spectacle de races multiples parlant une langue unique de beaucoup de manières différentes ; car ce n'est pas une pièce sur le sujet ; ce n'est pas une pièce américaine[78]." On rencontre ici l'idée clef, sans laquelle on ne peut comprendre le projet de création : que le concret vécu n'est que le point de départ de l'écriture, que l'écriture est cela précisément qui transforme le vécu en métaphore, c'est-à-dire en pensée.

De là, la difficulté pour le metteur en scène, qui a besoin du concret, mais qui doit en même temps se méfier d'un concret trop proche du biographique : "Finalement l'idée des énormes conteneurs est venue (...). Mais, ajoute Chéreau avec une humilité admirable, pour une des pièces les plus ambitieuses de Bernard, notre volonté de bien la servir, notre conviction de tenir un auteur exceptionnel, nous a entraînés dans une sorte de folie des grandeurs. Le gigantisme du décor, son caractère excessif, la complexité du déplacement des conteneurs sur les rails, le choix de la grande scène de Nanterre ont fait du mal à la pièce, écrasant le texte, d'autant que nous aurions dû être plus attentifs à la construction dramatique compliquée, à cette construction «égalitaire» des huit personnages sur scène. (...) Le spectacle le plus cher du Théâtre des Amandiers de Nanterre, et ce fut un échec[79]." Un échec, non : malgré le caractère suffocant des terribles conteneurs, le spectacle était sauvé "par le travail admirable de Daniel Delannoy sur les lumières[80]" et par la force des comédiens : enfin, K. peut voir et entendre Maria Casarès dans un texte de lui, dans un rôle “écrit pour elle”, “le rôle de Cécile : à l’approche de la mort, elle parle en espagnol, puis en quechua, la langue des hauts plateaux du Pérou[81]”. Bouleversante Casarès. Et Isaach de Bankolé assumait (ce n’est pas une plaisanterie) le rôle muet d’Abad, l’Ange de la Mort[82].

La fable : Dans un hangar désaffecté sur un quai vit à l’abandon une famille qui, grâce aux expédients du fils, réussit à peu près à manger. Il y a là quatre personnes, le père, la mère, le fils, la fille ; à qui se joignent deux des amis complices du fils, Fak et Abad, ce dernier noir et muet, muet parce qu’il ne veut pas parler. Surviennent dans une superbe voiture deux personnages visiblement d’un autre milieu : l’un est Maurice Koch, homme d’affaires qui paraît s’être approprié l’argent d’une société de bienfaisance, et son adjointe Monique, qui lui sert de chauffeur. Koch veut se suicider, parce qu’il va être contraint de présenter ses comptes. Ruiné et déshonoré, il est venu dans ce lieu déshérité pour opérer un suicide discret. Mais ici tout le monde tente de lui faire donner de l’argent ou quelque chose d’équivalent, et pour ce faire, on démantèle sa voiture. Il est tombé à un moment étrange : Charles, le fils, veut s’en aller, abandonner une famille qui mourra de faim sans lui, et pour son départ, il a besoin d’argent ; la pièce raconte ses efforts, jusqu’à sa mort, inexpliquée, brutale, donnée par la kalachnikov que tient son ami Abad. Entre-temps, Koch est mort, comme il l’avait voulu ; la mère est morte aussi, mort naturelle, et la petite Claire est dépucelée par l’ami Fak ; Monique, abandonnant sa voiture, s’en va à pied. Fin apparemment sinistre, mais dans ce texte rien n’est sinistre, une sorte de sérénité survivant à l'horreur. Et, selon la leçon de Koltès, aucun des personnages, même Koch, le financier voleur, n'est dévalorisé ou ridiculisé. La succession des désirs et des pensées des personnnages est visible, même ceux d'Abad, dont la présence muette est comme un miroir pour chacun, jusqu'à la décision finale.

Au cours des représentations, les choses changent : "Avec l'accord de Bernard, j'ai coupé dans le texte, j'ai rapproché les acteurs de l'avant-scène pour atténuer le gigantisme de la production. Ces changements créant une plus grande intimité, le texte bénéficiait d'une meilleure écoute ; Maria Casarès préférait jouer cette version : elle était convaincue que *Quai Ouest* n'était pas une pièce destinée à une grande salle et à un public nombreux, que sa parole ne pouvait pas être criée trop fort. Elle avait raison[83]." Intimité, et il est vrai que le théâtre de Koltès est un théâtre de l'intime, le contraire de l'épique – comme tout théâtre où la subtilité des échanges parlés l'emporte sur la profération publique. Il n'est que de voir le traitement réservé à la guerre d'Algérie et à l'OAS dans *Le Retour au désert*. Ce qui n'exclut pas une autre forme d'épique. La même année 1986 voit l'écriture et la mise en scène de *Tabataba*, une commande de Théâtre ouvert pour le cycle "Oser aimer". Ce petit texte, tout à fait admirable, trop court malheureusement pour former à lui seul un spectacle, est bien venu dans un tel cycle. Oser aimer c'est ce que finissent par faire, on le suppose du moins, le frère et la sœur de *Tabataba*, acceptant de violer l'interdit de l'inceste. Etonnant dialogue, l'un des plus parfaits de

K. dans ce retour à l'Afrique : un village africain, une sœur plus âgée houspille son jeune frère, "Va-t'en t'amuser avec les filles et les copains au lieu de briquer ta moto" – réponse hargneuse du petit frère : "J'aime mieux rester à la maison et briquer ma moto." La moto, objet transitionnel par quoi se dit le désir véritable, et les reproches injurieux sont le voile de l'amour. L'œuvre est mise en espace par Hammou Graïa, avec Isaach de Bankolé et Myriam Tadesse[84]. François Koltès en fera un film, tourné en Afrique.

LE TRIOMPHE : *DANS LA SOLITUDE DES CHAMPS DE COTON*

"Pas un texte de moi où il n'y ait un nègre, même tout petit, même caché", dira K. Ici, ce "nègre" s'étale dans le titre : "ces champs de coton", territoires de l'esclavage des Noirs d'Amérique au XIXe siècle, sont à présent cultivés par des hommes de la même couleur. "Le choix du lieu, dit K. peut être associé au travail des Noirs du temps de l'esclavage[85]." Mais, nous le verrons[86], la référence va beaucoup plus loin.

Tout de suite après *Quai Ouest*, Patrice Chéreau décide de monter le premier texte disponible de Bernard Koltès : "Il me semblait indispensable de ne pas en rester à l'échec subi avec une pièce de K., d'en mettre en scène une autre aussitôt. J'avais déjà le Dealer en la personne d'Isaach de Bankolé, et, depuis très longtemps j'avais envie de travailler avec Laurent Malet[87]." Certes, mais il y avait aussi chez Chéreau l'envie de monter un texte dont il ne pouvait pas ne pas voir les extraordinaires qualités : on n'a pas tous les jours un chef-d'œuvre sous la main.

Les préoccupations matérielles sont là pourtant : “Nous voulions réutiliser les décors de *Quai Ouest* pour en amortir les coûts (...) Richard Peduzzi a agencé les conteneurs, trouvé le biais des gradins, placés en trapèze avec de part et d'autre les conteneurs de *Quai Ouest*. Enfin nous avons joué dans la petite salle[88].”

Le point de départ de *La Solitude* est peut-être autobiographique ; c'est, dit Chéreau, “la situation toute bête qu'il avait vécue un soir à New York, dans un hangar, la rencontre d'un homme qui lui a dit : J'ai tout ce que tu veux, du shit, de l'héro, de la coke, de l'ecstasy, du crack. A quoi K. a répondu : Je ne veux rien. Jusqu'au moment où il a compris que l'autre faisait la manche et qu'il voulait du fric[89].” Cette rencontre de hasard subit dans l'œuvre une étrange transformation.

Elle devient une histoire simple et obscure : deux hommes se rencontrent la nuit dans une rue, l'un d'eux fait une offre à l'autre – nous ne saurons jamais ce qu'il offre –, l'autre refuse de dire ce qu'il veut ; pourtant l'échange continue, jusqu'à l'affrontement physique. C'est un *deal* : “Un *deal* est une transaction commerciale portant sur des denrées prohibées ou strictement contrôlées, et qui se conclut dans des espaces neutres, indéfinis et non prévus à cet usage, entre pourvoyeurs et quémandeurs, par entente tacite, signes conventionnels ou conversation à double sens[90].” Quoi qu'on fasse et malgré le soin avec lequel le texte dissimule toutes les traces qui nous permettraient de deviner l'objet du *deal*, il faut bien que le spectateur en concoive quelque idée, et c'est la tâche du metteur en scène de la laisser entendre, tout en brouillant les pistes. Il y eut trois mises en scène de *La Solitude* par Chéreau. Dans la première, l'objet pouvait être vraisemblablement de la drogue. Pour la deuxième, Chéreau reprend le rôle du Dealer, et le spectateur n'a pas de doute, c'est une drague homosexuelle. Dans la dernière mise en scène (1995), l'objet est si l'on peut dire mis entre parenthèse par la force de l'affrontement verbal, et le spectateur ne sait plus, ne cherche plus à savoir quel est l'objet du *deal*. Dans cette dernière version, Chéreau insiste sur la problématique du désir : "Le mot qui revient le plus souvent dans la pièce est le mot désir. Je le prononce onze fois dans ma première réplique et le Client le reprend sept fois dans la sienne[91]." Mais quel désir ? "Le désir sous toutes ses formes, désir du corps de l'autre, désir de possession, de dépossession, désir de savoir et aussitôt d'oublier, désir d'en finir une fois pour toutes avec soi comme avec l'autre, désir de mort enfin[92]." Avec ce texte, ce n'est plus le problème de l'espace qui se pose, comme si K. s'était efforcé cette fois de brouiller ses marques. Espace nul, dans la solitude des grandes villes. Alors, dit Chéreau, "ma principale préoccupation a été de montrer dans le jeu à quel point on pouvait mordre dans le texte de Bernard, le mâcher, en faire une expression du réel (...) De la joute oratoire, du pur combat de paroles naissent réellement un événement de théâtre, une situation concrète à laquelle je ne m'attendais pas *a priori*[93]." Ici c'est le texte qui est le problème pour le metteur en scène, donc la direction d'acteurs. "Avec le recul, nous ne nous sommes pas assez bagarrés avec le texte, me semble-t-il[94]." De là l'extraordinaire itinéraire qui conduit de la première à la dernière mise en scène du texte-culte. Insatisfait, le metteur en scène, et peut-être déçu de n'avoir pas obtenu le succès éclatant que méritait la pièce. Et puis une tentation lui vient, irrésistible : cette langue magnifique, la parler, lui, acteur, l'avoir "en bouche". Et il choisit le rôle de l'attaquant, le Dealer. Bernard Koltès n'est pas content "qui avait écrit le rôle pour un Noir et m'en a voulu de l'avoir repris". Chéreau avoue avoir eu des difficultés, avoir "été bloqué par certains passages du texte". Mais il remporte un triomphe, et son interprétation apparaît bouleversante. Koltès conquis : "A l'issue d'une représentation en 1987, dont il avait dû voir dix à quinze minutes, il m'a dit qu'il ne pouvait pas me reprocher toute ma vie de ne pas être noir (humour de Koltès). Il a constaté que je faisais entendre le texte, qu'il faisait rire et que les salles étaient pleines, toutes choses qui comptaient beaucoup pour lui[95]." Il avait horreur de toute caricature et de "tout ce qui pouvait nous faire ressembler aux clochards métaphysiques de Beckett". Mais en 1988, parlant à Lucien Attoun, K. dit son insatisfaction : "L. A. – Parce que, m'a-t-on dit, vous n'avez pas tellement aimé la performance de Chéreau dans *La Solitude* (...) Moi je trouve que c'était très bien. K. – Ben pas moi. Voilà[96]."

C'est qu'il y a plus grave, et Chéreau, avec son admirable intelligence de l'auteur, le voit bien : "Il (K.) avait cherché (...) une étrangeté entre le Dealer et le Client, que la confrontation d'un Noir et d'un punk rendait évidente. A partir du moment où nous étions deux Blancs sur la scène, nous donnions l'impression d'une compréhension mutuelle. Du coup arrivait à la surface la vraie situation de départ de la pièce avec laquelle Koltès entretenait des rapports délicats : une histoire de drague homosexuelle entre deux hommes qui devenait plus apparente, et j'émets l'hypothèse que c'est cela qui le dérangeait[97]." Certes, cette situation de drague était son vécu quasi quotidien. Mais attribuer son recul devant cette situation scéniquement trop visible serait, je pense, une erreur. D'abord c'est un fait qu'il assume gaillardement son homosexualité, et qu'il dit n'avoir rien à en dire, ensuite axer un tel texte sur une idée toute faite, c'est le réduire : il ne faut pas que le *deal* soit une histoire de drague ou de drogue, ce qui limiterait le propos pour le spectateur ; il faut, pense-t-il, laisser l'énigme ; c'est elle qui est riche et féconde. C'est la même pensée qui le fait réagir lorsqu'on prétend que *Combat de nègre et de chiens* traite de l'Afrique et du néo-colonialisme. Le conflit des deux hommes dans *Solitude*... va bien au-delà de l'anecdotique : "c'est, dit-il, un dialogue philosophique dans la manière du XVIIIe siècle", et c'est une affimation plus sérieuse qu'humoristique. Rapports de parole, rapports de pensée. Et Chéreau le comprend si bien que c'est précisément ce qu'il tente de montrer dans la dernière mise en scène où au travail sur le texte se joignait un travail scénographique d'une absolue perfection. Quatre projecteurs (les "poursuites") suivaient les évolutions des comédiens, toujours entourés d'un cercle de lumière : "C'est une vieille idée que j'ai empruntée à Giorgio Strehler (...) L'acteur peut sortir du cercle, être rattrapé par lui (...) on peut en diminuer la taille et l'intensité. Les multiples possibilités offertes par ces projecteurs favorisent une variation sur les formes. On arrive à des figures à partir du déplacement des corps et des sources lumineuses, comme la chorégraphie d'un ballet, comme une concrétisation de la volonté des deux personnages[98]." Et, de fait, il y a même un moment de danse "pendant les pauses, une fois ensemble, la seconde fois le client seul[99]". "Entre deux tirades, les deux hommes viennent s'asseoir au premier rang, entre les spectateurs, et se désaltèrent au goulot comme deux lutteurs de foire. Leur pas de danse, osé, brutal, érotique, est un acte de mise en scène surprenant, splendide, à la Chéreau. La scène bifrontale est un vain miroir, métaphore de la joute, de la séparation, de la différence[100]." Les réflexions sur la problématique du désir montrent la précision dans le nouveau travail sur le texte[101]. Chéreau dit : "J'ai le souci d'une grande simplicité dans le jeu[102]." Et de fait il a aussi dépouillé le Dealer des défroques un peu clownesques de la deuxième version. Ce qu'il veut aussi c'est à la fois "mettre au jour une problématique du désir que j'avais complètement occultée[103]" et généraliser : "La pièce est plus universelle et nous pouvons dépasser l'anecdote philosophique[104]."

Une tentative remarquable, celle de Moïse Touré, l'Africain, qui comprend l'importance de l'œuvre de K. pour l'Afrique : après avoir lu *La Solitude*, "je suis retourné en Côte-d'Ivoire pour les vacances. J'avais emporté tous les livres de K. ; et j'en ai parlé avec mon père qui est chef de village (...). Un Blanc, Koltès, parlait des Noirs d'une manière qui m'était inconnue sans m'être étrangère." Et le père l'éclaire en lui disant "qu'à son avis (...) l'acceptation de l'étrangeté était la base de la compréhension de l'Autre[105]". Il envisage de monter *La Solitude* au Kenya dans une traduction anglaise. Touré cherche, pour aider les comédiens, une méthode : "Nous avons repéré tous les endroits du corps d'où les mots partent à la façon des sportifs qui (...) découvrent dans l'effort de la course le meilleur moyen d'utiliser chaque partie de leur corps[106]." La pièce est jouée à Grenoble dans le tournant d'une aire de parking. "J'avais installé les spectateurs à un seul endroit, dans la courbe du tournant. Dans ce lieu de passage les personnages se rencontraient, passaient de la lumière à l'ombre, pour retrouver une autre lumière. Les acteurs étaient ainsi à la limite de visibilité, donnaient un sentiment de décalage, de fragilité (...) Ce choix faisait naître l'impression que le spectacle allait s'arrêter, les événements se passer ailleurs, comme toujours dans le théâtre de K.[107]."

LE RETOUR AU DÉSERT

Fin 1987, début 1988, Bernard Koltès est sollicité par Luc Bondy pour une traduction du *Conte d'hiver* de Shakespeare, mis en scène du 8 mars au 15 mai 1988, à Nanterre. Il n'y a guère de doute que ce travail contribue à donner à son nouveau texte un curieux accent shakespearien. Des formules nouvelles : un mélange délibéré du comique et du tragique, et un surprenant recours au fantastique.

"*Le Retour au désert*, dit Chéreau, est la seule pièce dont j'ai suivi l'élaboration. Avant de l'écrire, il m'en a donné le plan, évoquant déjà les personnages, le rôle de Mathilde notamment, qu'il destinait à Jacqueline Maillan (...) (Il disait) Je vais écrire un monologue dans lequel elle dira que la France n'est pas sa patrie et qu'elle ne sait pas où est sa patrie[108]." Il est clair que Mathilde est le personnage central. Et c'est Maillan qui l'inspire, surtout pour les dernières scènes écrites : "J'ai eu un coup de foudre pour Jacqueline Maillan, c'est aussi l'origine de la pièce. J'en ai eu marre du théâtre subventionné, marre d'avoir toujours le même public et des acteurs qui tournent toujours sur eux-mêmes. J'ai eu envie d'écrire des choses drôles, de sortir de tout ça, de me soumettre au jugement du public, et je me suis dit : «Ça, c'est un coup à faire.»" Quand il lit le premier état du manuscrit, Chéreau est déçu et le dit ; alors "un mois plus tard, il m'a apporté un manuscrit comportant douze scènes supplémentaires". Maillan est-elle passée par là ? "Une femme qui avait un jugement tout à fait différent sur les pièces, parce qu'elle ne pense qu'au public[109]." Dans cette nouvelle pièce, K. fait un extraordinaire saut en arrière : ce n'est plus l'expérience immédiate qui est, si l'on peut dire, le matériau de la pièce nouvelle, c'est la famille et le passé. Sur les raisons de ce choix, on ne peut faire que des hypothèses : peut-être la certitude de sa maladie, de sa mort prochaine, le renvoie-t-elle aux souvenirs. Koltès dit que la famille essaie de le reprendre, à la faveur de sa maladie justement. L'écriture du *Retour au désert* est un sursaut de rage contre tout ce avec quoi il a violemment rompu. Il raconte : une commande, cette pièce ? Oui... Non. "Non, non, c'est un accord qu'on avait avec Patrice. (...) C'est une bizarrerie, cette pièce. C'est peut-être la pièce de quarante ans. C'est-à-dire, c'est tout à coup parler de son passé, parler de choses comme ça (...) Avec des souvenirs très lointains. Et puis, c'est pas le même milieu. ATTOUN. – Certains ont dit que c'était une pièce sur la guerre d'Algérie. Or la guerre d'Algérie n'est qu'un prétexte. KOLTÈS. – Ah oui, oui. C'est pas un prétexte... c'est des impressions que moi... Le souvenir que moi j'ai de ça (...) J'avais quand même douze ans, hein ! Il n'y a pas d'opinions (...) Mais les cafés qui explosent... L'arrivée du général Massu[110]." Ce que K. tente de dire ici c'est que sa pièce est le retour de souvenirs, de sentiments violents. "C'est la France profonde et provinciale. B. M. K. – Ça oui, par contre *(rire)*. Mais celle-là, on la trouve à Paris... Alors je n'ai pas eu besoin de faire une enquête[111]." "La province française ; immense monument aux morts, sur lequel les guerres se gravent l'une au-dessous de l'autre (...) La misérable et héroïque, malveillante et centenaire province française. (...) L'ambitieuse province française, cercueil de toutes les ambitions ; sourde, aveugle, mais voix et oreilles d'un pays (...) La province française, mémoire obstinée, têtue et hargneuse du peuple et de l'histoire[112]." Amour-haine de K. pour cette "province" à laquelle il prête la figure magnifique de Mathilde, jouée par Jacqueline Maillan.

La fable : Une femme rentre d'Algérie, et vient s'installer chez son frère. Quand ils ont partagé l'héritage familial, le frère a eu l'usine, elle a gardé la maison où elle vient se réinstaller avec son fils et sa jeune fille. Grincements de dents du frère. Le fils d'Adrien voudrait bien échapper au service militaire et à la guerre en Algérie. Adrien est en liaison tout à fait étroite avec des membres de l'OAS. Les garçons fréquentent, en compagnie du domestique arabe, un café que les membres de l'OAS font sauter : le domestique est mort, les deux garçons blessés. La fin est plus qu'étrange, Adrien repart en

Algérie avec sa sœur : “Ils finissent par partir ensemble – quittant le froid désert français, pour retourner en Algérie, dans le vrai désert[113].” La fille de Mathilde, Fatima, donne le jour à deux jumeaux noirs, don d'un parachutiste de la même couleur, le fils de Mathilde s'envole vers un autre univers. Entre-temps flotte dans le jardin le fantôme de la première femme d'Adrien, peut-être assassinée par lui. Le mélange de réalité quotidienne brutale et de fantastique est inextricable. C'est l'incompréhensible univers de la dure réalité, si dure qu'on préfère n'y pas croire. Alors rêver un peu… Jacques Nichet qui monte la pièce, en octobre 1995 : “Tout semble cadré : on reconnaît Metz, on entend à nouveau les échos de la guerre d'Algérie, on retrouve toute une société, de la femme de ménage au préfet de police. On assiste au tableau grotesque d'une famille qui s'entredéchire. Mais pourtant tout se décadre constamment : les mythes de l'Antiquité (Midas, Romulus et Rémus, Icare), la légende de Bouddha se mêlent aux souvenirs d'adolescence de K., la comédie de salon vire en tragédie de la vengeance, la peinture sociale mène au fantastique des comédies shakespeariennes : K. écrit ainsi à sa manière son *Conte d'hiver* et son *Beaucoup de bruit pour rien*[114].”

“*Le Retour au désert* est la première pièce dans laquelle j'ai voulu que le comique prédomine. Une comédie sur un sujet qui n'est peut-être pas tout à fait – ou seulement – un sujet de comédie ; mais on n'est pas obligé de se soumettre aux règles d'un genre. La province française – que j'ai bien connue –, les histoires de famille, d'héritage, d'enfants illégitimes, d'argent, sont des sujets en or pour faire rire ; la présence lointaine, diffuse, déformée de la guerre d'Algérie l'est beaucoup moins. J'ai voulu mélanger les deux, faire rire, et en même temps, inquiéter[115]." La perspective de K. ici est proprement baroque, ou, pour parler plus précisément, grotesque, rire et mort mélangés : aller au-delà de sa coutumière perspective classique, et critiquer par l'écriture la distinction des genres. Un vouloir : celui de dire non seulement un milieu mais un moment, une époque, ce que voit bien Chéreau : "La grande idée qui soustend la pièce, c'est le retour aux sources, dans la haine[116]." Faire rire, mais que le grotesque ne fasse pas taire la "compassion" qu'inspirent les personnages.

Mises en scène : Chéreau s'empresse donc de monter le nouveau texte. La pièce sera jouée dans une salle faite pour elle, le Théâtre du Rond-Point à Paris, du 27 septembre 1988 au 19 février 1989, elle aura 138 représentations et 93 777 spectateurs. Un vrai succès. Une présence fétiche, celle d'Isaach de Bankolé, le "grand parachutiste noir", qui cette fois n'est pas muet, mais peu s'en faut. Chéreau : "Richard (Peduzzi) a conçu un décor à transformations permettant l'apparition d'un escalier, d'un salon, d'un mur. L'idée du tapis roulant apportant les accessoires lui était venue en regardant les dessins d'un humoriste anglais des années vingt. Cette machine de théâtre comportait une dimension de jeu, de bande dessinée que j'aimais, et qui utilisait de façon diabolique l'exiguïté du théâtre lui-même[117]." K. n'est pas content, ça ne correspond pas à ses souvenirs : "Il me convoquait, dit Chéreau, pour m'expliquer très durement en quoi les intérieurs provinciaux en France ne ressemblaient pas à celui de notre décor : selon lui, il y avait plus de meubles, plus de lumière[118]." Un point capital : la distribution. Bernard Koltès voulait Jacqueline Maillan pour la puissance de sa présence, comme pour son pouvoir de faire rire ; il voulait aussi Piccoli, qui avait été un inoubliable Horn ; et le prestige de son écriture, joint à celui de Chéreau, lui permettait d'obtenir à peu près ce qu'il voulait – y compris la présence de l'ami Isaach de Bankolé. "Jacqueline Maillan et Michel Piccoli sont au cœur de cette tentative. Capables de tenir, sans doute, le point d'équilibre entre la satire et l'horreur de ce que la satire décrit[119]." Chéreau n'est pas vraiment satisfait de Maillan : "Elle interprétait des situations comiques, mais elle ne prenait pas toujours le temps de dire les mots (…) Son interprétation posait un autre problème : le leader de la pièce, c'est Mathilde, la sœur. Or par son jeu, Jacqueline n'était pas le moteur de la pièce, le frère le devenait, parce que Michel Piccoli était formidable, et cette petite erreur déséquilibrait l'ensemble[120]." C'est oublier, peut-être, ce fait que dans une œuvre de K. il y a toujours des lectures diverses possibles, et que l'on peut tenir aussi le couple du frère et de la sœur comme équilibré.

C'est ce que s'est efforcé de montrer Jacques Nichet, en choisissant pour le couple fraternel Myriam Boyer et François Chattot, chacun montrant la fragilité de l'autre et sa propre fragilité. Nichet, montant *Le Retour au désert* au Théâtre de la Ville, est frappé par le "mystère" de la pièce : "Koltès, déjà si gravement malade, se retourne sur son jeune passé et se regarde adolescent. Je sens qu'il cherche, en écrivain, à retrouver une part de son passé. (...) Si cette pièce était un dessin, nous verrions un arbre planté dans la campagne et battu violemment par des vents contraires (...) Il n'y a pas d'autre sens à ce dessin, à ce destin, que cette agitation désespérée et parfois risible des branches dans le vide du ciel ; «la douceur n'est pas de ce monde» ; mais l'arbre qui violemment agite ses bras dans le désert indique peut-être le chemin perdu vers la douceur[121]." Intéressante interprétation, très sensible dans la performance : il y a toujours à gagner à chercher dans un texte de K. "le chemin vers la douceur". Le scénographe est ici aussi Richard Peduzzi et l'ensemble de la représentation, plus clairement peut-être orientée vers la perspective historique de la guerre d'Algérie, offre aussi des personnages une vue adoucie.

ROBERTO ZUCCO

Reste la pièce de la marche à la mort, pour le créateur comme pour le héros. Dernière pièce, pièce du scandale : le Jeune Homme, personnage koltésien clef, image de son créateur, devient *serial killer* et disparaît dans une mort solaire. Comme si se trouvait accompli ici le voyage que décrit le Client dans *La Solitude*, au dernier instant : "(...) parce qu'un homme meurt d'abord, puis cherche sa mort et la rencontre finalement, par hasard, sur le trajet hasardeux d'une lumière à une autre lumière, et il dit : donc ce n'était que cela[122]."

On ne peut qu'être stupéfait de voir, au seuil de la mort, s'écrire une œuvre si parfaite, si construite et, peut-on dire, si sereine. L'origine de la création est une photographie, celle du *serial killer* Roberto Succo : “Fin février 1988, au terme d’une cavale effrénée, l’assassin d’un inspecteur de police toulonnais, qui se révélera également auteur d’autres agressions, vols et meurtres, est arrêté en Italie où on le voit une dernière fois apostrophant une foule du toit de sa prison. Il s’agit d’un malade mental italien, Roberto Succo, âgé de vingt-six ans, interné en 1981 pour avoir tué ses parents, et qui s’était évadé en 1986 de l’hôpital psychiatrique où il bénéficiait d’un régime de semi-liberté, compte tenu de sa conduite irréprochable et d’études exemplaires qui lui avaient permis de décrocher le baccalauréat. C’est la diffusion d’une affiche d’un avis de recherche comportant sa photo et son signalement qui permet de l’identifier grâce au témoignage d’une adolescente, ancienne petite amie du tueur. Arrêté peu après, celui qu’on avait surnommé «l’homme au treillis» se suicide dans sa cellule du pénitencier de Vicenza le 23 mai 1988[123].” Il s’était laissé arrêter sans la moindre résistance. K. ne craint pas d’utiliser jusqu’en ses détails l’histoire de Roberto Succo. Une rencontre : “En février de cette année (février 1988), j’ai vu placardé dans le métro l’avis de recherche de l’assassin d’un policier. J’étais fasciné par la photo du visage. Quelque temps après je vois à la télévision le même garçon qui, à peine emprisonné, s’échappait des mains des gardiens et défiait le monde (…) Après son spectacle sur les toits, il est enfermé à l’hôpital psychiatrique et se suicide de la même manière qu’il avait tué son père. Un trajet invraisemblable, un personnage mythique, un héros, comme Samson ou Goliath, monstres de force, finalement abattus par un caillou ou par une femme ; c'est la première fois que je m'inspire de ce quon appelle un fait divers, mais celui-là, ce n'est pas un fait divers[124]." Pascale Froment étudiait le cas Succo. Elle apprend que K. est touché par les images télévisuelles, "la beauté du garçon et la dimension purement théâtrale que pouvait avoir la situation, j'étais en train de travailler sur l'histoire de Succo, j'ai proposé à K. de le rencontrer (...), nous avons passé un long après-midi à parler de Succo. A l'évidence nous ne poursuivions pas la même démarche. Tandis que je m'attachais à reconstituer, avec l'obstination d'une fourmi, l'itinéraire réel de Succo, K. avait complètement intégré le personnage. Le plus troublant est qu'il était parvenu à une extraordinaire connaissance intuitive de Succo." Mais "la réalité noire de Succo, ce qui faisait de lui un tueur (...), sa froideur totale à l'occasion des crimes qu'il avait commis (...) n'intéressaient pas K.[125]". Il note que la jeune fille qui repère le nom de Succo le fait à l'aide d'un jeu de mots : "Juice = Succo[126]." Avec un peu d'hésitation (elle sait qu'il est près de la mort), Pascale Froment lui fait entendre un enregistrement de Succo et K. l'intègre presque sans changements dans la séquence VIII de sa pièce, intitulée "Juste avant de mourir" : "Etre ou ne pas être. Ça, c'est le problème. Je crois que. Il n'y a pas de mots, il n'y a rien à dire (...). Tôt ou tard, on doit tous mourir. Tous. Et ça... ça fait chanter les oiseaux, les oiseaux, ça fait chanter les abeilles, ça fait rire les oiseaux." Transformer un tueur fou en objet mythique, métaphore de la violence de notre monde, tel est le parti de K.

Pourquoi cette ultime pièce n'est-elle pas montée par Patrice Chéreau ? Chéreau répond : "Parce que Bernard m'a demandé de ne pas le faire, tout simplement. Il était sûrement très encombré par le fait que je monte toutes ses pièces : personne en France n'y touchait plus après. Il a dû en souffrir d'autant que dans le même temps les créations à l'étranger se multipliaient. La confusion entre mon univers de metteur en scène et l'œuvre de Koltès prenait, à l'époque, un tour gênant et injuste." K., mourant, lui lit la pièce : "Je ne l'ai pas aimée (...) J'ai manqué de clairvoyance. On peut être le bon serviteur d'un auteur, puis devenir mauvais juge, parce qu'on est trop habitué à ce qu'on croit être son style. Or j'ai été très frappé par la nouveauté du style de K. dans cette pièce ; les monologues avaient disparu, l'écriture allait à l'essentiel, dans une vivacité extrême, presque débarrassée de tout[127]." Remarque pertinente, mais qui ne prend pas en compte la permanence non seulement des thèmes, mais de l'écriture, sous la diversité : ainsi les deux soliloques dans le métro de Roberto Zucco et du vieux Monsieur, ou la demande d'amour de la Gamine, au dernier moment, juste avant l'arrestation.

Roberto Zucco est créé par Peter Stein à Berlin, à la Schaubühne, le 12 avril 1990, un an presque jour pour jour après la mort de K., dans une traduction de Simon Werle.

La même année la pièce est diffusée sur France Culture, dans *Le Nouveau Répertoire dramatique*, réalisation de Catherine Lemire.

A la fin de 1991, Bruno Boeglin met en scène *Roberto Zucco* au TNP de Villeurbanne, avant Paris (Théâtre de la Ville) ; les représentations prévues à Chambéry sont l'occasion d'une sorte de scandale ; la violence des réactions conduit le préfet à interdire la pièce – le vrai Succo avait, en avril 1987, tué à Chambéry un agent de police, André Castillo. Patrice Chéreau, Michel Piccoli, Ariane Mnouchkine protestent contre cette interdiction : "Ange blanc, Ange noir. Tous ces cris sont en nous, toujours, bourreaux, assassins et victimes tout à la fois (…) Koltès assoiffé de vie, mourant, a voulu renaître à travers *Roberto Zucco* et mourir à ses côtés. N'assassinez pas Koltès[128]." Sur sa mise en scène, Peter Stein s'explique, et d'abord sur les raisons qui l'ont conduit à monter la pièce : "Deux choses m'intéressent (…) dans cette pièce. La première est une interrogation sur l'existence humaine et cette ignorance où nous sommes finalement de l'origine de l'agressivité (…) Ce n'est pas la première fois dans l'histoire du théâtre ou de la littérature qu'on introduit un «acteur criminel» sans motivation. Mais c'est la première fois qu'il est présenté sans aucune morale. On trouve beaucoup d'ancêtres de Roberto notamment chez Genet, mais ils sont beaucoup plus sentimentaux et en un sens beaucoup plus moraux. (…) Le deuxième thème (…) est d'un autre ordre (…) L'action criminelle a toujours joué un rôle dans l'économie de la société, elle est donc indispensable. Autrefois on lisait avec beaucoup d'intérêt les exploits des criminels (…) D'ailleurs sans tous les grands tueurs, Clytemnestre ou Macbeth, il n'y a pas de théâtre. Mais aujourd'hui le rôle de l'«acteur criminel» trouve une nouvelle nécessité. Tout devient public, racontable, médiatisable, diffusable au Cameroun au même moment qu'à Berlin (…) Le public a besoin «d'avoir des expériences». Les pauvres criminels finissent par être des victimes ; ils sont les acteurs qui font le théâtre, ils font le job pour les autres[129]." L'humour clairvoyant de Peter Stein retrouve l'humoir noir de K.

Deux problèmes se posent au metteur en scène : d'abord celui de l'âge de *Roberto Zucco.* Bruno choisit un parti différent des autres : il veut un acteur qui ait quarante ans (Jerzy Radziwilowciz), pour que le viol de la Gamine apparaisse particulièrement criminel.

L'autre difficulté est celle de la mise en espace d'un texte qui prévoit d'incessants changements de lieu : "On lit que la première scène se passe sur le toit d'une prison, la seconde chez les parents de Roberto Zucco. Cela paraît impossible à réaliser au théâtre[130]." Toutes sortes de solutions sont imaginées, depuis l'espace vide de Peter Stein, marqué par des clôtures diverses, dont une grande grille-prison, jusqu'aux toiles peintes, inventées par Christian Fenouillat pour Bruno Boeglin : "J'ai conçu, dit-il, deux grands panneaux peints en noir et blanc, et une toile de fond dans les mêmes tons, et la présence d'une bande de peinture rouge en rappel quand on ouvrait ou fermait les angles marquait toujours la dynamique de sang qui poursuivait Zucco. A partir de ce dispositif de base, de temps en temps tombaient des toiles de couleurs aptes à suggérer un lieu précis (...) Nous respections très précisément les indications concernant les alternances de nuit et de jour qui ponctuent la marche du récit. La volonté de surexposition correspondait aussi à la dimension solaire de la pièce (...) L'utilisation des sons (...) apportait aussi d'autres modulations de l'espace. A partir des variations écrites par le compositeur Georges Aperghis, un trompettiste jouait en direct et accompagnait Zucco dans sa course tout au long du spectacle[131]." De là dans tout le spectacle un effort de figuration symbolique : "Les toiles peintes des deux côtés pouvaient se retourner au cours du spectacle et accompagner, en un sens, la dérive de Zucco (...) Dans l'espace ainsi créé se déployait le grand manège qui l'emportait jusqu'à la mort[132]." Quant à Michel Goulet, sculpteur, scénographe de *Roberto Zucco* pour Denis Marleau (Montréal, 1993), il dit vouloir "utiliser les lieux de mur à mur. Tout, absolument tout, allait être utilisé : à partir du sous-sol de la scène, que j'allais enlever, pour aller travailler dans le plus grand creux, dans toutes les largeurs, toutes les herses, toutes les mécaniques possibles du théâtre. C'est un peu comme à la Renaissance, où le lieu théâtral était utilisé à son maximum." Comme matériau, il privilégie l'acier : "L'acier émet un son particulier, c'est aussi un matériau avec lequel on peut construire très finement. (...) En outre il permet de travailler de façon très linéaire, de créer des vides et d'économiser beaucoup d'espace, laissant place à autre chose que les seuls matériaux." Couleurs : "J'ai employé des couleurs de cuivre, de bronze, d'or, de laiton et d'argent. L'éclairage captait la luminosité des différentes teintes métalliques. Pour la scène du parc, il y avait environ quinze jeux d'éclairage sur les bicyclettes. Le jour tombait, et les bicyclettes changeaient de couleur. Il y avait un moment très fort où le soleil brillait, mais un nuage passait tout à coup et on ne reconnaissait plus les vélos que par leur structure[133]." Et pour l'espace Michel Goulet travaille à montrer simultanément deux distances : "Dans le décor de *Roberto Zucco*, chacun des lieux est à la fois très près et très loin. Lorsqu'on vit dans une ville, c'est ainsi. Je me sens à proximité de mes voisins[134] (...)"

Quant à Lluis Pascal et à son scénographe Frédéric Amat, ils montent la pièce à Barcelone, à Paris, à Saint-Pétersbourg, et finalement à Venise en 1995 : "Sur un plateau, la pièce devient immédiatement «théâtre». Or j'avais le désir de la jouer dans les lieux réaménagés, plutôt que sur un plateau à l'italienne. (...) Le mot proféré contre le béton prend une ampleur qu'il ne peut avoir contre le bois. Voilà pourquoi j'ai souhaité à Barcelone un vaste lieu aux murs de béton, un hangar. Dans la version du théâtre Maly à Saint-Pétersbourg, bien que nous jouions dans un théâtre, nous n'étions pas sur le plateau. La cage de scène était barrée par une sorte d'échafaudage avec un mur : du fer, du béton, bien à l'image d'une certaine Russie actuelle." D'autant qu'il y a dans la pièce, dit Lluis Pascal "un «espace cœur», qui se répète à trois reprises : la cuisine (...) ; il faut un espace de la promiscuité, une circulation étroite, créer l'illusion d'un endroit petit au milieu d'un grand espace[135]". Que déduire de solutions si diverses ? que la pensée de tous les artistes a été de sortir d'une problématique "naturaliste" au théâtre, et de travailler à restaurer par le volume, les matières, la lumière, l'espace d'un concret "vécu", d'un réel qui transcende les limites de l'art théâtral, comme si leur était posé le problème d'une œuvre qui joue avec les frontières mêmes du théâtre.

"COMME UN ANGE EN CE BORDEL"

Une fin de vie. Bernard Koltès essaie encore de réaliser ses rêves : retrouver une cité perdue au

Guatemala : "Il était parti (...) pour un long voyage, à Mexico, Acapulco, puis Guatemala City, retrouver une cité lacustre où il avait vécu une histoire qu'il n'avait jamais racontée à personne (...) Il a finalement atteint Guatemala City, mais il était trop faible pour aller à la recherche de cette cité lacustre dont il avait voulu absolument retrouver le paysage avant sa mort[136]." A Paris il prend une chambre à l'hôtel *L'Aigle*, à Montparnasse.

Il tente encore un voyage à Lisbonne avec la cinéaste Claire Denis : il veut écrire un scénario sur le trafic d'ivoire entre Europe et Afrique. Trop malade, il rentre en France, est hospitalisé à Laennec où il meurt le 15 avril 1989. On pourrait dire que sa gloire commence, si elle n'avait déjà été si sûrement et fermement acquise. Il a pu terminer *Roberto Zucco*. Depuis sa mort ses œuvres sont jouées dans toutes les langues et dans tous les pays. Ses inédits paraissent l'un après l'autre, en particulier l'admirable *Prologue*, texte non théâtral[137], et le très intéressant *Sallinger* (1995).

Bernard-Marie Koltès

Yves Ferry, *La Nuit juste avant les forêts.*
Travail théâtral : Moni Grégo.

Combat de nègre et de chiens.
Mise en scène de Patrice Chéreau, 1983.
Théâtre Nanterre-Amandiers.

Combat de nègre et de chiens.
Mise en scène de Patrice Chéreau, 1983.
Théâtre Nanterre-Amandiers.

Combat de nègre et de chiens.
Mise en scène de Patrice Chéreau, 1983.
Théâtre Nanterre-Amandiers.

Combat de nègre et de chiens.
Mise en scène de Patrice Chéreau, 1983.
Théâtre Nanterre-Amandiers.
© Claude Bricage / PLV

Combat de nègre et de chiens.
Mise en scène de Patrice Chéreau, 1983.
Théâtre Nanterre-Amandiers.

Quai Ouest.
Mise en scène de Patrice Chéreau,
Théâtre Nanterre-Amandiers 1983.
© Claude Bricage / PLV

Quai Ouest.
Mise en scène de Patrice Chéreau,
Théâtre Nanterre-Amandiers 1983.
© Claude Bricage / PLV

Dans la solitude des champs de coton.
Mise en scène de Patrice Chéreau, 1995.
La Manufacture des Œillets d'Ivry.

Dans la solitude des champs de coton.
Mise en scène de Patrice Chéreau, 1995.
La Manufacture des Œillets d'Ivry.
© Marc Enguerand

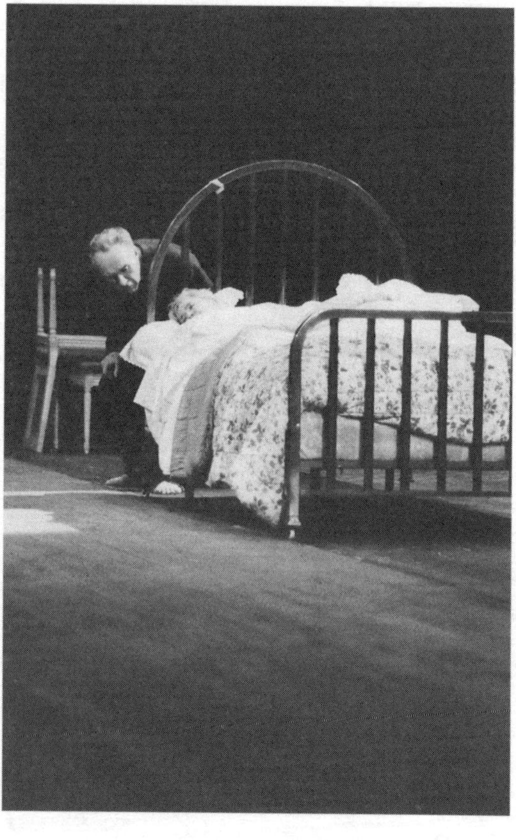

Retour au désert.
Mise en scène de Patrice Chéreau,
Théâtre du Rond-Point, 1988.
© Bellamy

Retour au désert.
Mise en scène de Patrice Chéreau,
Théâtre du Rond-Point, 1988.

Retour au désert.
Mise en scène de Jacques Nichet,
Théâtre de la Ville, 1991.

Roberto Zucco.
Mise en scène de Bruno Boeglin,
Théâtre de la Ville, 1991.
© Birgit

Roberto Zucco.
Mise en scène de Bruno Boeglin,
Théâtre de la Ville, 1991.
© Birgit

LECTURE DE L'ŒUVRE

LA CONSTRUCTION DES ŒUVRES

Chacune des œuvres de K. représente un travail original de construction dramatique, comme s'il avait tenu à expérimenter toutes les formules ou bien plutôt à chercher, pour chacun de ses projets, la dramaturgie qu'il lui fallait, du monologue ou quasi-monologue jusqu'à la structure implexe de *Roberto Zucco*. "Chacune (de mes pièces) m'impose ses propres contraintes[1]."

1977, La Nuit juste avant les forêts

C'est une tentative particulière : un quasi-monologue et nous verrons l'importance du quasi-monologue dans l'œuvre de Koltès[2]. C'est le premier texte théâtral revendiqué par son auteur.

Une construction paradoxale : c'est un texte d'une seule coulée, sans aucune ponctuation forte, comme si l'urgence de la parole excluait toute pause d'incertitude ou de réflexion. Aucun incident ne marque la "parlerie", comme si le monde extérieur ne pouvait intervenir pour troubler le cours de la parole. Un paradoxe, le discours n'est nullement rythmé par des thèmes différents ou par des actes de langage qui se différencieraient et indiqueraient dans le flux discursif des "moments". Comment articuler un tel texte, quand le seul point d'appui est la récurrence d'une adresse à *toi* ? Mais ce *tu* est lui-même peu différencié, sans identité, sans caractéristiques clairement indiquées, un *tu* qui n'est que pur rapport à l'Autre quasi abstrait. L'articulation du texte pose problème au comédien.

Une construction musicale. Le problème s'éclaire si l'on songe que Koltès n'est jamais loin de l'écriture musicale. L'ouverture de *La Nuit juste avant les forêts* donne les thèmes fondamentaux, thèmes qui se retrouvent d'un bout à l'autre du texte. Entre les thèmes s'intercalent des motifs, dont la caractéristique est d'être liés à l'expérience individuelle du locuteur. Tandis que les thèmes représentent à la fois la circonstance présente et, si l'on peut dire, l'état du monde.

Thèmes : La pluie d'abord, thématique de la circonstance défavorable : "il pleut, cela ne met pas à son avantage", et la pluie, jusqu'à la dernière ligne ("et puis toujours la pluie, la pluie, la pluie…"), sera perpétuellement rappelée, élément de malaise, de laideur, peut-être de maladie. Puis, la présence hostile des autres, "les cons qui stationnent[3]". Ces "cons" seront là tout au long, ils seront "les cons de Français", "ces cons", et plus loin "on", "ils", et pour finir "ce bordel[4]", expression généralisante de l'horreur qui entoure le locuteur.

Le thème de la chambre : "Je cherche une chambre, car chez moi, impossible[5]." La chambre, image du refuge, contre le monde extérieur, la pluie et les "cons", image de ce lieu où l'on pourra parler, être avec l'autre, l'aimer, qui sait ? Cette chambre et la nostalgie qu'elle implique occupent les quatre premières pages : cette chambre inaccessible est comme la figure de l'exil.

Car le moi qui parle en ce texte est avant tout l'étranger : "Je n'aime pas ce qui vous rappelle que vous êtes étranger, pourtant je le suis un peu, c'est certainement visible, je ne suis pas tout à fait d'ici[6]." Et le thème de l'étranger est récurrent, quasiment à chaque page du texte, depuis le moment où "les cons de Français", le voyant se laver, disent : "Il fait boire son zizi[7]." Et à la dernière page, cette phrase comme un rappel : "Les loubards sapés font la chasse aux ratons[8]."

Enfin c'est la thématique de la rencontre, du *tu* qui est en face de moi ; "quand même, j'ai osé (...) c'est pour cela que toi, lorsque tu tournais, là-bas, le coin de la rue, que je t'ai vu, j'ai couru[9]". Le *tu* sera quelque peu précisé, modalisé en "loulou... pas bien fort[10]". Et on verra au long du texte la reprise du "loulou à maman", ce loulou qui deviendra à la dernière page : "quelqu'un qui soit comme un ange au milieu de ce bordel, et tu es là, je t'aime".

A quoi, on pourrait ajouter le thème secondaire du "syndicat à l'échelle internationale", rêve d'une union des paumés, "ni politique, ni syndicale"... Et, en sourdine, la thématique du désir pour l'Autre, jolie blonde ou garçon à visage d'ange apparu soudain au détour de la rue.

Motifs : Ce sont des récits, dans les deux premiers et le dernier, le locuteur apparaît comme une victime, dans les autres simplement spectateur, mais vibrant et sensible. Ainsi la rupture brutale du désir pour la fille sublime qui "brille exactement comme je l'aurais inventée", quand elle l'invite à venir avec elle "chasser le rat" : "si elle avait fermé sa gueule, je n'aurais jamais su ce qu'une gueule comme cela pouvait savoir cracher[11]". En contrepoint le motif de l'amour pour Mama, la fille possédée sur un pont, cherchée passionnément, mais "plus jamais retrouvée penchée au-dessus de l'eau[12]". Encore une histoire de femme, celle de la pute, qui, cherchant à mourir, mangeait la terre des cimetières. Une pute, une autre, celle qui avait jeté par la fenêtre les habits de son client, pour le contraindre à la payer. Tous les motifs des femmes disent l'amour, la haine, la mort, l'oppression. La mort déjà, le massacre des oiseaux par un militaire fou, le général du Nicaragua, et pour finir le vol abject dont est victime le pauvre parleur.

Finale : l'épisode du chant de la vieille ouvre sur le finale, où dans une vaste évocation sans la moindre liaison, se retrouvent enlacés thèmes et motifs : "la fille en chemise de nuit, les putes et le cimetière (...) les colombes s'envolent au-dessus de la forêt et les soldats les tirent (...) les loubards sapés font la chasse aux ratons (...), j'ai tant envie d'une chambre et je suis tout mouillé, mama, mama (...) (je te regarde, je t'aime, camarade (...) et puis toujours la pluie, la pluie, la pluie[13] (...)".

1979, Combat de nègre et de chiens

Ici, c'est un paradoxe que de parler d'originalité : "(...) dans *Combat de nègre et de chiens*, j'ai voulu raconter une histoire avec un début, une évolution, des règles à peu près strictes

– malgré moi, car cela m'a beaucoup coûté, au point que j'ai coupé à peu près autant de texte que ce qui en reste[14]." Ce que K. retrouve et recrée, délibérément, c'est la tragédie classique, à très petit nombre de personnages, quatre en l'occurrence, trois hommes, une femme, et à fable extrêmement simple "chargée de peu d'événements", comme disait un jour Racine écrivant *Bérénice* (trois hommes, une femme). Deux meurtres, et, comme il se doit dans une tragédie de Racine, une faute antérieure (le premier meurtre). Unité de lieu même si ce lieu comporte des divisions intérieures : le chantier entre forêt et bungalow, et toutes les rencontres peuvent y trouver place. "Je m'éloigne de plus en plus de tout réalisme. Je me rends compte que j'éprouve comme indispensables des formes qui renvoient à la tragédie classique[15]."

Unité de temps, les vingt-quatre heures de la tragédie, d'un matin à un autre matin, d'une arrivée à un départ. Unité d'action : les conséquences d'un meurtre et la vengeance. Rien ne peut être plus conforme au schéma classique.

La structure interne est elle aussi classique. La première séquence – on pourrait dire le premier acte, scènes 1 à 4 – est une exposition bien faite qui met le spectateur au courant du conflit entre la direction du chantier et la famille de la victime, en même temps qu'elle présente les quatre personnages.

La deuxième séquence (scènes 5 à 8) marque une originalité : elle devrait être le nœud de la tragédie ; or, elle consiste surtout à nous montrer les rapports qui unissent aux trois autres protagonistes la femme – qui par force est étrangère à l'origine du drame, puisqu'elle est arrivée après.

La troisième séquence (scènes 9 à 12) est le point culminant, comme il se doit, avec deux échanges doubles : scènes d'"amour" entre Léone et le Noir Alboury, et discussions indécises entre les deux patrons du chantier, Horn et son contremaître Cal.

La quatrième séquence (scènes 13 à 16) comporte la péripétie (scène 15) : Horn, dont Léone est la compagne avant d'être la femme, voit la jeune femme faire une violente déclaration d'amour à Alboury. A partir de cet instant, la décision de Horn est prise, il laissera Cal tuer Alboury. Et Léone rompt avec lui, à la scène suivante.

La dernière séquence est un dénouement complexe : adieux de Horn et de Cal à Léone, mort de Cal, tué par les gardes africains, au moment où il pointe son fusil contre Alboury, départ de Léone.

Présence du fatal, perçu par les efforts que font Cal et Horn pour détourner le tragique, mais surtout par cette image tranquille de la fatalité que représente Alboury. Avec cette nuance qu'une sorte d'humour noir réside dans le fait que si le "corps du délit" n'avait pas disparu, la situation pourrait se dénouer : pas de mort, pas de preuve, on pourrait nier. Mais non ! c'est justement ce qui empêche toute solution : il faudrait rendre le corps, on ne peut pas, il est dans l'égout.

Une tragédie de construction classique mais une tragédie moderne – d'abord à cause du personnage de Léone qui, étrangère au conflit, devient le personnage principal, sorte de révélateur de l'Afrique où elle n'a jamais mis les pieds. Tragédie non conforme au modèle premier par la présence d'actes physiques (crachat d'Alboury ou défiguration de Léone), mais surtout par le fait que l'avant-dernière scène est une scène muette, concrète et spectaculaire (feu d'artifice, échange sonore entre Alboury et les gardes, meurtre, apparition des cadavres de Cal et de son chien). L'existence même des gardes, pure présence sonore, mais singulièrement active et meurtrière, est une transgression par rapport à la tragédie.

1986, Quai Ouest
Ce dépassement de la tragédie prend dans *Quai Ouest* une forme quasiment provocatrice. Le conflit tragique, qui existe (avec l'insolubilité bien connue du tragique), prend un visage grotesque, car il oppose des êtres humains appartenant non au même groupe, mais à des groupes qui ne se connaissent ni ne se comprennent, de là une pluie de quiproquos et de malentendus.

Non que la structure tragique ne subsiste, souterraine, mais elle est malmenée, visiblement "tordue". Ainsi l'unité de lieu : ce hangar du *Quai Ouest* (de New York ?), lieu d'asile pour SDF est bien un espace unique, mais ici éclaté en lieux partiels : le bout de l'autoroute, le rivage, la porte du hangar, l'intérieur du hangar. On comprend la difficulté rencontrée par Chéreau : montrer un lieu de vie fragmenté. Unité de temps, mais la journée ici se prolonge au-delà de vingt-quatre heures, et le second jour rejoint "la lumière rouge foncé du soir[16]". C'est l'unité d'action qui est la plus malmenée, il y a deux groupes auxquels se posent des problèmes spécifiques : l'homme d'affaires qui a "mangé la grenouille", et voudrait bien disparaître d'une façon ou d'une autre ; la famille qui, à la lettre, n'a plus de quoi vivre. Pourtant, on nous raconte une seule histoire, l'histoire d'une rencontre, celle des gens en manque et des nantis : comment faire payer ceux qui ont de l'argent ? Cela pourrait être une comédie noire ; mais non, ce n'est pas le cas : il y a des conflits intérieurs à la famille et à tout le groupe autour d'elle. Conflits très éloignés aussi de "l'aura" tragique qui accompagne en général sentiments et passions ; K. nous avertit : "Aucune scène n'est écrite comme une scène d'amour. Ce sont des scènes de commerce, d'échange et de trafic, et il faut les jouer comme telles. Il n'y a pas de tendresse dans le commerce, et il ne faut pas en rajouter là où il n'y en a pas[17]." Bien, mais c'est une affirmation à ne pas prendre à la lettre : on ne peut oublier les attraits puissants qui unissent tels personnages et qu'il est difficile de ne pas appeler amour ou fraternité[18]. La construction de la pièce est plus claire qu'il n'y paraît : six "moments", séparés par une citation chargée de marquer une rupture, au moins pour le lecteur, sinon pour le spectateur, et nous ne serions pas loin des cinq actes de la tragédie, si le dénouement n'était divisé en deux et singulièrement prolongé dans le temps, comme si tout était prêt pour une tragédie qui ne voulait pas finir.

Moment I : exposition, le désir de suicide de Koch et le désir de fuite de Charles, leur rencontre.

Moment II : Koch n'étant pas mort, on négocie par des moyens divers, tous inadéquats.

Moment III : intervention du personnage muet, Abad, que l'on a déjà vu, mais à qui la parole des autres donne un rôle arbitral.

Moment IV : c'est la péripétie : le père, Rodolfe, donne le fusil-mitrailleur à Abad.

Moment V : Abad tue Koch, selon son vœu, premier dénouement.

Moment VI : Monique, la femme du monde "riche", s'en va, la mère, Cécile, meurt, et Abad tue son ami Charles, second dénouement.

Construction paradoxale : les "mobiles" des uns et des autres restent obscurs, délibérément (il ne serait pas difficile de les reconstruire, mais K. ne s'en soucie pas ; il tient à ce mystère des "causes"). Paradoxe majeur : un texte dont l'intérêt ne se dément jamais, quoiqu'il n'y ait ni héros, ni personnage privilégié. Une structure quasi romanesque, avec une sorte de concession aussi peu classique que possible à une peinture naturaliste des milieux. Une présence de personnages secondaires absolument essentiels, mais dont le discours est si pauvre (à commencer par le mutisme du Noir Abad), que K. pour éclairer le lecteur (ou le metteur en scène, ou le comédien) leur donne à chacun un monologue qui n'est pas fait pour être joué (séquence I : monologue d'Abad, séquence III : monologue de Rodolfe, séquence VI : monologue de Fak).

Paradoxe encore : le décousu extrême des scènes, dont la succession apparaît aussi peu motivée que possible (effet voulu, indiscutable), compensée par la présence muette presque permanente d'Abad, et par l'inexorable continu du temps, figuré visuellement (les didascalies l'indiquent) par le mouvement du soleil, de la lumière, jour et nuit.

Donc tout un travail d'écriture pour concilier des pôles opposés, faire au théâtre, si l'on peut dire, le jour et la nuit. De là l'extrême difficulté de mise en scène d'un texte si riche et, sur le terrain de la composition, aussi provocateur.

1987, Dans la solitude des champs de coton
C'est une œuvre insolite, unique, dans la mesure où – "dialogue philosophique", selon la définition de son auteur – elle produit sur le spectateur un effet qui est bien loin d'être purement intellectuel : elle est une pièce de théâtre, avec un dénouement, se lit et se voit comme telle. Mais ce dialogue de plus d'une heure est extraordinairement difficile à articuler, sa construction en est opaque. Deux "parlants", anonymes, l'un qui pourrait avoir l'air d'avoir de l'argent (mais ce n'est pas évident), l'autre qui pourrait être noir (mais ce n'est pas indispensable, nous l'avons vu) : l'un formule une demande ou plus exactement demande qu'on lui demande ; et quel serait l'objet de cette demande seconde, sinon un désir ? La problématique du désir est celle de toute l'œuvre.

Si l'on souhaite trouver une construction, un mouvement, sinon une structure, on pourrait voir :

1) Ouverture : le lieu et l'heure ; demande du Dealer : "Dites-moi la chose que vous désirez" à la page 12. Demande rejetée, refus de formuler une demande, telle est l'attitude verbale du Client. L'échange, en aller et retour, se poursuit jusqu'à la page 20.

2) Là changement : intervient un thème nouveau, celui de la violence et l'acte de langage devient celui de l'agression (avec toutes sortes de détours et de métaphores), mais aussi celui du commerce, de l'échange commercial ; c'est le nœud : violence et commerce, réalité des rapports humains.

3) Le désir revient en force à la page 26, retourné par les dénégations du Client : "je n'ai rien voulu" ; dénégations qui finissent par un

aveu : "Un désir comme du sang à vos pieds a coulé hors de moi, un désir que je ne connais pas."

4) Une longue séquence de la page 34 à 52 est un échange de métaphores, où passent le désir (qui devient "le désir de quelqu'un d'autre", perdant le sceau de l'identité et ce passage insolite pourrait être lu comme une sorte de "péripétie"), mais aussi tous les éléments qui opposent ou conjoignent les humains, de leur point de vue sur la cosmogonie à leur idée de la mère et de la "fiancée". Ce sont des métaphores, comme si les rapports psychiques ne pouvaient être dits autrement que par ce biais ; la séquence se termine par la négation extrême du client : "Je veux être zéro."

5) A partir de la page 53, les choses se précipitent : la violence réapparaît, et les métaphores sont celles, vulgaires, de l'agressivité : "on vous mordra le cul, chercher des poux, se botter le cul" ; et de la page 59 à la page 61, ce qui est en question, c'est la bataille, amorce du dénouement physique, le corps à corps (avec un non-dit : la mort[19]). Ce qui tient le spectateur attaché, ce n'est pas le suspens seul, mais le sens du conflit et l'obscurité de la demande. C'est cette obscurité même qui attend de nous une réponse.

1988, Le Retour au désert

On revient ici, comme dans *Quai Ouest*, à une tragédie avant tout familiale. Un tragique "classique" à l'intérieur d'un groupe fermé où le pouvoir existe : pouvoir de l'argent, pouvoir politique – pouvoirs réels quoique limités –, tout un monde de maîtres. Là aussi comme dans toute bonne tragédie de Racine, le crime est d'avant : est-ce la mort de Marie ? – crime ou faute, mais de toute manière mort génératrice de "remords" et d'angoisse. Le tragique familial a un double historique : la guerre d'Algérie, et – au-delà de la guerre – le mal qu'est le rapport (colonisateur, dominants-dominés) entre le peuple algérien et le peuple français. Tragédie politique, et les outils de la politique sont là sur la scène, marionnettes grotesques, servants de l'ombre.

Le point de départ est le retour de celui qui ne devait pas revenir, Agamemnon, ou l'arrivée de celui qui rappelle un passé que l'on veut oublier : dans *Andromaque*, Oreste survient. Tout est prêt pour que le retour de Mathilde avec ses prétentions soit le signal d'une tragédie familiale. Mais point : la tragédie est ailleurs, dans le politique, et si elle touche la famille c'est par une sorte de hasard.

Une tragédie donc, mais sur le plan de la structure, une fausse tragédie, malgré les cinq actes très marqués. Les actes devraient être indiqués par les heures de la prière musulmane ; mais dans l'acte II *zohr* (midi) n'arrive qu'à la deuxième scène, il n'y a pas d'indication temporelle pour l'acte V, si ce n'est la fin du ramadan (à la dernière scène). Le lieu est théoriquement le même espace, la maison familiale, mais en fait il circule pratiquement de scène en scène, avant, à l'acte V, de se déplacer hors de la maison au café *Saïfi* pour une seule scène – pure provocation par rapport à une saine gestion de l'espace.

Construction des actes. Le premier est une exposition : après des années en Algérie Mathilde revient dans la maison qu'elle possède, mais que son frère occupe. L'acte II est fait de scènes de batailles entre frère et sœur ; l'acte III contient le nœud : les politiques de l'OAS, liés à Adrien, veulent faire sauter le café Saïfi. Apparaît dans le jardin un grand parachutiste noir. L'acte IV est une sorte de moment d'attente, avant l'acte V, bourré d'événements, où tout se dénoue : l'OAS fait sauter le café Saïfi, blessant les deux cousins, tuant le domestique ; Edouard s'envole vers d'autres espaces, hors du monde ; Fatima met au monde des jumeaux, fruits de la visite du grand parachutiste noir : l'ailleurs s'est installé dans la maison ; pour finir, le frère et la sœur, réconciliés, s'en vont en Algérie. Le temps s'est dilaté : il a bien fallu neuf mois pour que l'on voie le résultat de la visite du parachutiste.

Là encore pas de héros tragique mais un couple, en "équilibre", comme dit Koltès. Pas de conflit familial tragique, de simples criailleries ; le tragique est ailleurs, dans l'histoire. Pas de tragique conflictuel à la vérité, mais un drame historique, celui du conflit algérien, drame qui n'est pas en marge de la famille, mais la traverse de part en part : tout le travail de la construction est d'articuler la famille et l'histoire.

Provocation des formes théâtrales, provocation dans le détail de l'écriture, mais plus encore provocation vis-à-vis de la base du théâtre traditionnel, qui est le vraisemblable : le travail de K. est de montrer la vérité historique dans un cadre concret, d'autant plus "vrai" qu'il est celui même de l'enfance de l'écrivain, avec le travail "réaliste" qu'impliquent toujours les histoires de famille. Et toute cette vérité explose à l'acte V : le jeune Edouard, confiant dans les lois de la physique, s'envole, quittant la terre ; le fantôme de Marie apparaît, même au spectateur qui n'en demande pas tant ; et les jumeaux noirs s'appellent Rémus et Romulus, ce qui rappelle quelque chose. Pure provocation, dont l'effet n'est pas d'annuler la vérité, mais de la renforcer, de la signifier comme absurde et scandaleuse, par le moyen de son envers parodique.

1989, Roberto Zucco

Roberto Zucco semble écrit comme un roman de destinée avec des étapes successives, un itinéraire. Rien de plus faux. La pièce est écrite comme au croisement d'une tragédie et d'un drame baroque à multiples personnages, axé autour d'un problème, non pas tant : comment devient-on criminel ? Encore moins : que faire du criminel dans une société organisée ? Mais : comment vivre la violence quand elle s'est inscrite en vous, et que vous en êtes à la fois l'agent et la victime ?

Une tragédie, où le fatal est *toujours déjà là*, comme chez Racine, avant le début de la pièce : Zucco a déjà tué son père, le tragique étant inscrit dans la faute antérieure, image d'une violence qui dépasse le criminel. Il n'est pas difficile de trouver les cinq actes d'une tragédie :
1) l'origine, les meurtres (I-IV) ;
2) le nœud, l'obstacle : la Famille (V-VII) ;
3) la double péripétie, la dénonciation et le meurtre de l'otage (VIII-X) ;
4) la déroute (XI-XIII) ;
5) le dénouement, la double fin de Zucco : arrestation et mort.

Mais ce sont des étapes tragiques singulièrement modifiées : d'abord la faute initiale se prolonge pendant tout le premier acte, ensuite, ce qui est le plus étonnant, la péripétie est double et mal placée, trop tôt dans le récit ; puis l'acte IV, au lieu d'être l'acte de la péripétie, apparaît le moment d'une marche par étapes vers une fin visible ; enfin le dénouement en deux moments comme s'il fallait une double mort volontaire du héros, une chute et une assomption.

Drame baroque ou shakespearien – par la multiplicité des personnages et des milieux, par la présence de personnages disparaissant vite, comme la mère ou l'inspecteur, ou de silhouettes comme les gardiens –, *Roberto Zucco* est surtout une sorte de drame "romantique" par le centrage autour d'un personnage unique, un exclu voué au malheur, tandis qu'autour de lui se pressent des individus qui ont une histoire à défaut d'identité définie. La pièce est donc le croisement de formes théâtrales diverses, et son originalité de structure est faite de ce tissage, comme si en ce dernier ouvrage K. avait exploité ses possibilités de synthèse dramaturgique. A quoi s'ajoutent les modèles du roman et du cinéma américains, avec leurs épisodes qui racontent l'itinéraire d'un héros et sont marqués par la continuité des enchaînements.

Une caractéristique très particulière à l'écriture de *Roberto Zucco* est la présence étrange de scènes multiples, à l'intérieur desquelles se déroule un drame à épisodes. Ainsi la séquence III, scène où se succèdent les lamentations de la sœur, la survenue du frère, le viol de la Gamine sous la table et l'intervention de la mère. Plus étonnant encore le moment IV, qui voit la confession de l'inspecteur, et l'arrivée de la pute racontant, immédiatement après, la mort violente. Autres drames à épisodes : la mort de l'otage (séquence X) et la vente de la Gamine au Mac (séquence XI). Quant à la séquence de l'arrestation, elle comporte, après l'échange entre les policiers, le chant d'amour de la Gamine, et l'aveu de Zucco. Chacune de ces séquences est un mini-drame, dont le spectateur attend la résolution, comme si chacune comportait un suspens spécial. Technique probablement empruntée au roman policier, mais dont ici la simplicité renforce l'effet. Chacune est une mini-tragédie avec unité de lieu, de temps et d'action, comme si le modèle idéal de la tragédie se démultipliait.

Chaque séquence est définie par un lieu, avec une progression : aux séquences I à VII, qui se passent dans une maison, marquant le caractère familial des violences – à l'exception du meurtre de l'inspecteur et de la scène du métro –, succèdent les scènes des lieux publics, jusqu'aux deux scènes finales, exhibitions théâtrales de Zucco, comme s'il y avait passage de la violence familiale, ou individuelle, à une inscription de la violence dans les espaces socialisés, jusqu'à ce qu'elle apparaisse spectaculaire, théâtralisée, médiatisée : "pauvres criminels réduits à être l'enjeu d'un spectacle" – à moins qu'ils ne réussissent une évasion mortelle et mythique. Passer du familial au spectacle et du spectacle à la signification.

L'ESPACE-TEMPS

Une dialectique de l'espace. L'espace est, dans la dramaturgie de K., le lieu même des contradictions. Le lieu concret est, il l'affirme, le point de départ de tout le processus de la construction imaginaire. Il est concret mais en même temps métaphorique, ainsi dans *Combat* : "C'est de ce lieu dont j'ai voulu parler. De ce lieu métaphorique, qui parlait de la vie bien plus que de l'Afrique elle-même[20]."

Il est un espace déterminé mais il suppose dans la parole des personnages un ailleurs, un espace imaginaire : il est dans *La Nuit juste avant les forêts*, ces "forêts du Nicaragua" où "les colombes s'envolent au-dessus de la forêt et les soldats les tirent[21]", mais aussi les ponts où faire l'amour avec Mama, ou "l'herbe et l'ombre des arbres[22]". Dans *Combat*, il est l'Afrique profonde, derrière le chantier, espace du désir de Léone, de la peur des autres. Dans *Quai Ouest*, il est ce pays d'Amérique où l'on parle quechua, et où s'envole la pensée de Cécile mourante, mais il est aussi pour tous ceux du hangar, l'ailleurs où l'on est riche et où on mange à sa faim. Dans *Le Retour au désert* l'ailleurs est cet espace cosmique peuplé d'étoiles où Edouard s'envole pour finir : "à quelques millions de kilomètres, en l'air, cela ira déjà mieux[23]". Dans la *La Solitude*, ce sont ces "champs de coton dans lesquels on se promène nu, la nuit[24]", et dans *Roberto Zucco*, le héros dit à la gamine : "Moi, c'est ce que je préfère au monde, la neige en Afrique qui tombe sur des lacs gelés[25]."

L'espace scénique concret est un lieu contradictoire : fermé, clos sur lui-même ou sur la famille, il est aussi ouvert à tous les vents, menacé de partout. Ce qui est une évidence pour *Quai Ouest* où la menace est aussi bien intérieure qu'extérieure : lieu fermé mais promis à l'éclatement. Dans *Le Retour au désert*, l'espace familial est bien protégé par la main du maître : "Quand mon fils est né, j'ai élevé de grands murs autour de la maison. Je ne voulais pas que ce fils de singe voie la forêt et les insectes, et les animaux sauvages et les pièges et les chasseurs[26]." Mais ce cocon est envahi soudain par une menace à la fois intérieure et extérieure, Mathilde, propriétaire, mais "étrangère", profondément. Autre intrusion : les comploteurs, eux aussi à la fois introduits de l'intérieur et menace singulière pour l'intégrité du lieu familial. Sans parler du "grand parachutiste noir", envahisseur productif ! Cette dialectique du fermé et de l'ouvert, Richard Peduzzi, le décorateur, la montre à propos de la mise en scène de Jacques Nichet : "Ces grands murs nus sont des obturateurs qui tour à tour dévoilent ou cachent des espaces nus, presque des pages vierges sur lesquels viennent s'inscrire des signes. Ces murs successifs sont des frontières, délimitent très précisément des espaces et créent une imbrication fantastique des lieux permettant de prendre en compte la dimension fantomatique. Tout se passe comme si, en soulevant les murs-obstacles, ces barrières qui empêchent le regard, on passait à travers les murs pour observer des choses qui auraient dû rester cachées. On se retrouve dans la position du petit garçon qui soulève une pierre et qui se perd dans la contemplation d'un monde étrange et fascinant[27]." Texte essentiel qui indique dans *Le Retour au désert* la position de l'enfance dans un lieu à la fois clos sur la famille et traversé par les courants du monde de la guerre, de la violence, mais aussi fissuré par l'imagination de l'enfant.

La dialectique du clos et de l'ouvert est plus étrange dans *Combat* : un lieu clos certes, le plus protégé des lieux, chantier entouré de "palissades et de miradors" et défendu par des gardes armés ; et voici que ce lieu s'ouvre d'abord pour une intruse, une femme, une Blanche, venue d'ailleurs ; et puis c'est une autre intrusion, celle du Noir Alboury, présence menaçante ("mystérieusement introduit dans la cité", dit la didascalie initiale) : c'est tout le hors scène africain qui surgit sur la scène : et le conflit apparaît comme une bataille entre la scène et le hors scène, avec un dénouement procuré par ce qui est la frontière même entre deux espaces, les gardes noirs.

Restent les espaces ouverts, sans limite assignable, celui de *La Nuit juste avant les forêts* d'abord, vrai espace vide sans nulle frontière possible puisque "partout ailleurs c'est pareil", et qu'à l'autre bout du monde, au Nicaragua, les tyrans font tuer les colombes ; mais, par une sorte de retour, le monde vide apparaît *a contrario*, ce dont on ne peut s'évader que par le rêve ; pour le parleur de *La Nuit juste avant les forêts*, prisonnier de la pluie dont les barreaux sont sa cage, le rêve est de "s'asseoir dans l'herbe". Que dire de *La Solitude*, si ce n'est que cette rue vide, dont on ne sait à la lettre où est sa place, figure en même temps un champ clos dont les deux "combattants" ne peuvent sortir. Faux vide, fausse liberté : "LE CLIENT. – Le regard se promène et se pose et croit être en terrain neutre et libre, comme une abeille dans un champ de fleurs, comme le museau d'une vache dans l'espace clôturé d'une prairie[28]." Illusion : "On est une abeille qui s'est posée sur la mauvaise fleur, on est le museau de la vache qui a voulu brouter de l'autre côté de la clôture électrique[29]". On se croit libre, mais il y a "une clôture électrique". Comme si chez K. tout abri, tout espace protégé était du même coup ouvert à tous les dangers – et comme si l'espace vide, sans frontière, était en même temps une prison.

Ce dont *Roberto Zucco* et la succession de ses lieux est la démonstration. Roberto s'évade, mais il n'y a pas d'évasion, pas de liberté hors la mort. Espace bien clos, à multiples protections : la maison de la Gamine, mais le viol y pénètre et s'y installe. Le bordel est un lieu infiniment perméable. La maison de Zucco est dès l'abord détruite en la personne de la Mère, et le destructeur est le possesseur légitime des lieux, le Fils. Le Moi est une forteresse démantelée, dont la succession des espaces est comme la métaphore. Probablement le lieu où le Moi est le plus à son aise est-il le métro, lieu fermé-ouvert, lieu de passage mais fermé pour l'instant par la nuit.

L'espace théâtral, espace de fuite. Cette clôture de l'espace explique pourquoi le mouvement des personnages par rapport à l'espace est mouvement de départ, de fuite. Ce que dit K. lui-même : "Je vois un peu le plateau de théâtre comme un lieu provisoire, que les personnages ne cessent d'envisager de quitter. C'est comme le lieu où se poserait le problème : ceci n'est pas la vraie vie, comment faire pour s'échapper d'ici. Les solutions apparaissent toujours comme devant se jouer hors du plateau comme dans le théâtre classique (...) Et l'enjeu du théâtre devient : quitter le plateau pour retrouver la vraie vie. Etant bien entendu que je ne sais pas du tout si la vraie vie existe quelque part et si, quittant finalement la scène, les personnages ne se retrouvent pas sur une autre scène, dans un autre théâtre, et ainsi de suite. C'est peut-être cette question essentielle, qui permet au théâtre de durer[30]." Ce *manque* originel, qui est le point de départ tragique de chaque pièce, explique le mouvement centrifuge de la plupart des personnages, mais ne suppose pas du tout, et rien dans le texte ne l'indique, que des solutions vont être trouvées, ailleurs, dans le hors scène, et c'est si vrai que, à part le meurtre de l'inspecteur dans *Roberto Zucco*, rien de l'action n'est laissé au hors-scène, et il faut même la brutale rupture de l'unité d'espace, dans *Le Retour au désert*, pour que la violence politique soit montrée scéniquement : c'est l'explosion du café Saïfi.

Lieux scéniques. L'écriture des didascalies est chez K. aussi rigoureuse que celle du dialogue, et c'est un piège pour le réalisateur pris entre les impossibilités matérielles et artistiques et les ordres précis. "Le lieu, dit Bernard Koltès, est très important. Je ne peux écrire une pièce, m'enfoncer dans des personnages que si j'ai trouvé le contenant. Un lieu qui, à lui seul, raconte à peu près tout[31]." C'est celui de *Quai Ouest*, comme celui de *Combat*...

Pas de didascalies externes dans *La Nuit juste avant les forêts* et dans *La Solitude*, mais des didascalies internes au texte, et plus contraignantes s'il se peut dans leur imprécision parce qu'il va falloir au metteur en scène inventer ce qui sera ce "coin de la rue", où passent tant de choses dans *La Nuit juste avant les forêts*. Et dans *La Solitude*, trouver les signes qui diront ce crépuscule ou cette nuit, et "ce bout de territoire où j'attends pour vendre, dit le Dealer (...) au milieu de l'hostilité des hommes et des animaux en colère[32]".

Autre piège : l'incroyable précision des didascalies, à peine vraisemblables, depuis "le pont : deux ouvrages blancs et gigantesques (...) au-dessus d'une rivière de boue", jusqu'aux détails des bougainvillées et de la table avec bouteille de whisky (quoique ces derniers points ne soient pas les plus difficiles). Piège oui, et nous avons vu Chéreau ne pas réussir à l'esquiver. Pas plus qu'il ne peut trouver la formule qui lui permettrait d'inventer *Quai Ouest*, avec cet extraordinaire ballet de lieux tout proches et différents et la dialectique du fermé et de l'ouvert : "l'immense façade du hangar et l'autoroute déserte sur laquelle tombe une pluie de feuilles silencieuses[33]" ; et immédiatement après : "l'intérieur du hangar, l'ouverture donnant sur l'autoroute[34]" ; autre espace : "La jetée. Au-dessus du fleuve flotte une légère lumière blanche[35]", ce sera "Le long du hangar". Toute la fable se promène entre ces lieux qui se touchent, et qui figurent l'aller et retour des personnages : leur circulation est comme la métaphore de leur indécision, du flottement de leurs vies. De même que dans *Combat* le pont d'autoroute inachevé est la métaphore du fossé entre les cultures, que l'énorme "économie" occidentale ne comblera pas.

La structure de l'espace dans *Le Retour au désert* est très voisine : là encore, il s'agit d'un même espace, celui de la maison, fragmenté en divers lieux concrets, la chambre, le jardin, le couloir, la véranda ; et le lieu de la didascalie initiale est une "entrée" : "Mur qui entoure le jardin. Devant la porte d'entrée ouverte[36]." Une rupture, on l'a vu : il y aura aussi le café Saïfi. Là, le mouvement du lieu scénique est l'image des mouvements internes qui agitent la famille Serpenoise, avec ce jardin, lieu des secrets.

Jusqu'à présent, on peut discerner une loi des lieux scéniques : ils sont réservoirs d'angoisse, que ce soient les rues, ou ces lieux troubles, dans le hangar et autour, ou cette maison de famille, mine à secrets meurtriers.

L'espace dans *Roberto Zucco* est d'un modèle différent : il est une exploration du monde, des maisons aux rues, au métro, aux prisons ; et son sens métaphorique est d'être, infiniment étendu, un lieu-prison. Prisons les maisons de famille, prison le bordel, prison la rue où l'on tue, où l'on est reconnu et attrapé. L'angoisse, elle aussi, est consubstantielle aux lieux et Roberto Zucco, regardant la rue, murmure "tous des tueurs". Seule ouverture, le lieu le plus clos, le métro nocturne, fermé – une protection peut-être.

Concentration du temps. Peut-être l'angoisse se dit-elle aussi dans la concentration du temps, comme si personne n'avait plus le temps, plus le temps d'agir, plus le temps de vivre, comme s'il fallait remplir au maximum le petit espace de durée dévolu à chacun. Peut-être – mais ce n'est pas certain – peut-on lire ici un aveu autobiographique. Mais c'est aussi la leçon du théâtre classique, de Racine avant tout.

"(...) la contrainte du lieu et du temps. La contrainte du temps est la chose la plus importante. Il faut aller d'une affaire qui se noue à une solution, trouver des repères : jours, nuits, heures[37]."

Tout d'abord il y a dès l'exposition une sorte de syncope du temps : la première scène n'est pas un début, le début a lieu avant. Dans *Sallinger*, le suicide du Rouquin a lieu avant, et toute la pièce est là pour rattraper le moment de la mort. Il y a une signification à la fois philosophique et dramaturgique à cette faute – ce désordre, ce crime –, le péché toujours déjà là, comme chez Racine, le péché originel : Koltès, grand lecteur de Pascal. Dans *La Nuit juste avant les forêts*, c'est un désordre d'avant dont le héros est victime sans qu'il y ait de sa faute : il n'a plus de chambre, il a été volé… Dans *Combat* la situation est on ne peut plus claire : Cal a tué, et la question qui se pose est dramatique : comment effacer les conséquences d'une faute antérieure, d'un meurtre irréversible ? Dans *Le Retour au désert*, il y a eu un avant, on le sait, on le voit, des querelles, des contestations, mais là n'est pas l'essentiel : il y a un mystère antérieur, celui de la mort de Marie, peut-être un meurtre. Ce n'est pas le cadavre dans le placard, c'est le fantôme dans le jardin. Dans *La Solitude*, pas de cadavre, mais pour l'un comme l'autre, le Dealer et surtout le Client, un état d'instabilité provenu de quelle histoire antérieure ? A la suite de quelles vicissitudes, innocente ou coupable, la famille de *Quai Ouest* s'est-elle retrouvée dans ce hangar sinistre ? Quant à Koch, il a dépouillé l'organisation humanitaire dont il était le trésorier. Pour lui aussi la faute antérieure est là et se rappelle à son souvenir. Quant à *Roberto Zucco*, le parricide, c'est la situation de départ. A partir de là se déroulent les circonstances du fatal comme dans un roman ou un film policier – comme dans une tragédie.

On voit comment c'est l'une des lois de cette dramaturgie, que le début de chaque pièce s'inscrive dans un temps déjà là, et que nul événement brutal ne marque un commencement. Quant au passé, il sera évoqué par le discours, et gardera le plus souvent son épaisseur de mystère. "La pièce, dit Isabelle Moindrot, se noue dans le secret et le mystère d'un manque, dont on ne sait pas s'il est sérieux. Le réel est désinvolte. (...) Chez K. tout ne peut commencer que par le manque, la blessure ou la privation. (...) (Dans *La Solitude*) le véritable enjeu (...) c'est une privation fondamentale, qui ne se monnaye pas[38]." Manque inscrit dans le passé, mais dont la réalité vécue ouvre la fiction, sans que jamais le spectateur soit clairement mis au fait de tous les éléments comme dans une exposition classique bien faite : "Ici prime la perception d'une forme irréductible, antinomique, déplacée[39]." Le premier problème du temps pour l'auteur dramatique est celui de la durée de la fiction : chez Koltès, le resserrement a une conséquence, c'est que le temps de la fiction excède peu le temps de la représentation. C'est évident pour des textes comme *La Nuit juste avant les forêts* ou *La Solitude* ; *Combat* a aussi nous l'avons vu une durée courte. Les choses changent avec *Quai Ouest*, qui demande deux journées. Quant au *Retour*, dont la durée apparente devrait ne pas excéder deux jours, une provocation humoristique prolonge la durée jusqu'à neuf mois. Ce qui n'empêche nullement le sentiment de précipitation, d'une action temporellement encombrée d'événements. Ce n'est pas le cas de *Roberto Zucco*, où la succession des petites scènes et des lieux divers, contraint le spectateur à imaginer une durée bien plus étirée. Tout le travail de l'écriture est de combiner les procédés qui donneront dans la plupart des textes à la fois le sentiment de l'urgence et celui de la durée. Dans *Roberto Zucco* par exemple, si les petites scènes donnent la durée, il y a toujours un moment où le temps, l'urgence, la fuite sont marqués. "Il faut que je m'en aille", dit l'inspecteur[40]. "Le premier métro passe[41]." Le marquage du temps est de rigueur, même dans les textes à durée égale à celle de la représentation. Dans l'un et l'autre texte *(La Nuit juste avant les forêts, La Solitude)*, innombrables sont les indications de temps, de moment et de durée, comme si la temporalité était un élément décisif dans le drame, comme si le drame était le drame de ce moment du temps, de "l'heure qui est celle où d'ordinaire l'homme et l'animal se jettent sauvagement l'un sur l'autre[42]" – "ce moment où grognent sourdement hommes et animaux[43]". Quelle temporalité ? D'abord le temps physiologique, le continu de la vie à la mort (avec la rupture temporelle du *Retour...*). Mais en même temps la durée en désordre, le hasard discontinu des vies, dans *Quai Ouest*, dans *Roberto Zucco*, et aussi dans *Le Retour*, où la chose est moins visible. Dans *Roberto Zucco*, la temporalité est particulière, c'est une sorte de course, comme si le héros avait signé lors de sa première évasion un pacte faustien avec le temps.

En revanche, la référence temporelle est peu marquée, sauf dans le cas particulier du *Retour au désert*, pièce historique dont le cadre temporel est l'époque de la guerre d'Algérie ; encore les références à des événements sont-elles pauvres : ce qui est indiqué, ce sont les conditions psychiques des contemporains, c'est-à-dire tout ce qui peut mettre sur la scène une certaine situation (de guerre coloniale), dont l'extension est possible. Les particularités référentielles sont discrètes. Quant aux autres textes, ils sont marqués de l'universalité temporelle du mythe. Même *Roberto Zucco*, dont le caractère réaliste est frappant, est dépourvu de particularisation temporelle. Quant à *Combat*, le texte en est très loin de marquer à l'intérieur du XXe siècle un moment particulier. Tout se passe comme si la particularisation temporelle devait assurer au spectateur-lecteur assez d'éléments référentiels pour "s'y retrouver", mais rester assez vague pour que les possibilités mythiques subsistent – et surtout pour que la référence "actuelle" ne donne pas à l'œuvre un caractère de témoignage sur un moment de l'histoire. Une tragédie n'a pas besoin d'être intemporelle, il suffit qu'elle ne soit pas liée à l'événement au point d'exclure la généralisation possible.

Comment se fait la clôture de la fable, comment son "temps" s'arrête-t-il ? Pas de "fin" dans *La Nuit juste avant les forêts*, comme si la détresse était infinie comme "la pluie, la pluie, la pluie" (derniers mots du texte) ; l'effet de sens est donc celui de l'"ouverture", vers… On ne sait si c'est le maintien de la situation infernale, ou la main tendue prise enfin et la rencontre avec l'"ange dans ce bordel". Fable relativement fermée en revanche, ou dont les possibilités d'ouverture sont tragiques, celle de *La Solitude* : si la dernière phrase s'ouvre sur quelque chose, c'est sur une bataille dont l'issue est incertaine et fatale à la fois. Une clôture vraie, celle de *Combat*, clôture de tragédie, la mort de l'un, la retraite de l'autre, mais comme toujours chez K., une ouverture tout de même : Léone s'en va plus riche d'une expérience, plus forte, nullement abattue et prête à la conquête. Le départ du couple fraternel dans *Le Retour au désert* est un "nouveau départ", ils laissent "le désert" derrière eux ; et s'ouvre un demain incertain pour les deux jumeaux nouveau-nés noirs, ils portent des noms maudits, mais à eux l'avenir : ils vont "foutre le bordel". Il n'est pas jusqu'à *Roberto Zucco* où ne se lise la volonté d'un envol, celui du héros vers le soleil. La pièce la plus sombre est *Quai Ouest*, où les morts finales ne laissent derrière elles que des épaves.

Sans aucun doute la caractéristique essentielle du temps koltésien est-elle la continuité, ce continu qui nie l'histoire ; de là cette dramaturgie classique en actes, et quand l'usage des séquences s'impose, comme dans *Quai Ouest* ou dans *Roberto Zucco*, tout un travail d'unification, de réduction de l'intervalle temporel ou spatial va dans le sens d'une continuité, d'une négation de la pause temporelle ; il faut voir comment, même dans *Le Retour au désert*, pièce de l'histoire, il résorbe pour la durée vécue du spectateur les neuf mois de la naissance des jumeaux, ou le saut spatial de la scène du café Saïfi. De là la rage de K. devant les coupures, les "noirs" au théâtre : "Par exemple, quand je vois l'usage qu'on fait des noirs (de lumière !) au théâtre, j'ai toujours envie de quitter la salle : la lumière s'allume, les personnages sont là, ils discutent ; la lumière s'éteint, le plancher grince, la machinerie fait du bruit, on met de la musique, rien ne se passe pendant ce temps, on doit se mettre en vacance d'attention ; et tout à coup la lumière se rallume, on est passé ailleurs avec les mêmes, ou on est resté là avec d'autres ; il faut trois répliques pour savoir si on est une heure après ou dix ans plus tard, et il faut qu'on s'intéresse à l'histoire jusqu'au prochain noir[44]." On voit l'une des raisons pour lesquelles il est profondément d'accord avec le continu du travail de Chéreau. Mais ne nous y trompons pas, il y a là un vouloir autre que technique, c'est la négation de l'histoire, la volonté, même dans *Quai Ouest*, de dire le contemporain, la vie présente et plus encore de donner à toute la fable le sens et la permanence d'un mythe : on voit ici comment la forme tragique soutient la volonté mythographique. Sortir du temps historique pour dire l'universel.

Le mythe. A propos du théâtre de K. tout le monde, et lui le premier, parle de mythe : le mythe est un récit chargé de donner sur le monde, sur tel mystère du monde une sorte d'explication. En ce sens le déficit d'action dans le théâtre de K. rendrait difficile de trouver une fable construite qui représenterait un mythe. Le récit le plus proche du mythe serait sans doute celui de *Combat*, mythe, on l'a toujours remarqué, qui rejoint le mythe d'Antigone : elle aussi vient chercher le corps de son frère pour l'enterrer selon le rite, là aussi la fin est la mort dans le clan du tyran. Mais on voit comment, s'il y a un mythe voisin, le sens en est détourné ; le personnage ici qui a un itinéraire, c'est Léone : devant le drame d'une autre "étrangeté", elle accepte et revendique la sienne : le mythe est celui d'une initiation. Mythe aussi peut-être *La Solitude*, fable du contact entre les hommes supposant un désir de bataille et pour finir un désir de mort. Pourtant un mythe se construit, nous le verrons, à l'aide d'éléments mythiques, comme l'"héroïsation" du meurtrier Roberto Zucco, comme la trahison de Zucco par la Gamine (la séquence s'appelle "Dalila"). Elément mythique permanent : le Noir, la "négritude", comme figure de l'Autre. Et s'il existe un tel élément – comme possibilité de mythe, mais non comme mythe construit –, c'est bien celui de l'altérité[45]. On retrouvera l'idée du mythe parcourant l'écriture poétique.

Personnages. K. ne met pas du tout en question la notion de personnage ; il suffit de voir avec quelle précision il montre la nature et les caractéristiques de chaque personnage, dans le texte *Un hangar à l'ouest* (annexe à l'édition de *Roberto Zucco*), où il y a une séquence "Personnages" : "Pour faire exister (son désir), Charles ne manque ni d'habileté, ni de courage, ni de cohérence[46]." Des personnages donc, avec des "qualités", que K. construit, lui qui parle de "s'enfoncer en des personnages[47]".

Quels personnages ? C'est la première question, essentielle sans doute. Quels "types" ?

Isolés ou en groupe ? Quand il s'agit de personnages isolés, c'est toujours le même que l'on trouve : un homme jeune errant dans la ville. Ce personnage central avec une caractéristique qui est la difficulté de rester en un même lieu, on le retrouve dans toutes les œuvres, c'est Charles dans *Quai Ouest*, c'est Edouard et son cousin Mathieu, tous deux pris dans le cocon familial mais rêvant de s'échapper, fût-ce au café Saïfi, ou dans un autre monde. C'est aussi Zucco pour finir.

Souvent, il n'est pas seul, il figure dans une configuration de semblables, amis ou ennemis. Ennemis peut-être (ou amants possibles) dans *La Solitude*. Amis et frères déjà dans *Sallinger*, dans *Le Retour au désert*, surtout dans *Quai Ouest* : "(Dans la pièce), le plus important, je crois, c'est la relation entre les trois jeunes : Charles, Fak et Abad ; un rapport à la fois très courant et assez complexe ; trois personnes liées par un lien obscur, trois «frères» (comme on dit des gangsters qu'ils sont «frères»), quelque chose qui est à la fois au-delà et en deçà des sentiments ; le rapport qu'il peut y avoir entre des personnes qui sont indispensables l'une à l'autre comme les rouages d'une machine ; quelque chose, en tous les cas, que je crois qu'on ne pouvait pas raconter il y a un siècle, quelque chose de notre époque[48]." Que chaque personnage soit chez K. le fruit d'un énorme travail créateur, il n'est que de lire les monologues "à lire" qui truffent le texte de *Quai Ouest* : "Un écrivain écrit des personnages en connaissant toute leur histoire. Au moment où il faut réduire une action à l'action dramatique, il faut enlever énormément. J'ai laissé quelque clefs pour troubler les choses. Je ne pense pas que ce soit tout à fait inutile. Il y a surtout ces trois monologues entre parenthèses. Je crois par exemple que le monologue de Fak a donné, en répétition, l'explication du sens qu'avait le hangar ; le monologue d'Abad doit donner le sens du silence d'Abad et des longs textes de Charles[49]."

Un rapport inédit entre les personnages apparaît comme le rapport entre les deux personnages de *La Solitude* ou ceux tout aussi étranges qui s'inscrivent dans les pièces où figure la Famille. Après "les garçons", l'autre configuration clef, c'est la Famille. Famille à forte existence, piège à enfermer les enfants qui s'échappent. Dévalorisation du père : minable, alcoolique, fragile, abruti... La mère, parfois puissante jusque dans la mort, telle Cécile dans *Quai Ouest* ou la mère de Roberto. Si peu maternelles comme Mathilde du *Retour*, qui paraît ignorer son fils et ne voit guère sa fille, ou la Dame dans *Roberto Zucco*, effaçant le meurtre de son enfant. Parfois inexistante ; passant comme une ombre, mais alors relayée par la sœur aînée, comme dans *Roberto Zucco*.

La femme (amoureuse ou pouvant l'être) : elle est d'abord la Jeune Fille, presque la petite fille, merveilleusement valorisée, c'est la petite Claire de quatorze ans dans *Quai Ouest*, prête à tout pour le frère, c'est la Gamine dans *Roberto Zucco*. A quoi on peut joindre, aussi enfantine ou presque quoique bien plus âgée, Léone de *Combat*. Toutes elles ont une caractéristique : s'adresser (on n'ose dire "être amoureuses") à l'Impossible, le frère, ou l'Autre – l'interdit, parce que d'un autre monde, Alboury, ou séparé par son crime, Roberto. Et Maimouna, bloquée par la perspective de l'inceste.

La femme : une sorte de "monstre", la Dame dans *Roberto Zucco*, mais aussi cette Mama invisible, désirée et disparue dans *La Nuit juste avant les forêts*, puis, c'est un fantôme, Marie dans *Le Retour au désert*. Mais c'est aussi l'admirable domestique, "Maame" Queuleu. On dirait que les femmes, jeunes ou moins jeunes, sont toutes séparées de la vie, "empêchées", si on ne voyait que les personnages masculins – à un degré moindre sans doute – sont atteints du même mal.

A côté des personnages, les silhouettes, qui peuplent les pièces "implexes" (pour reprendre un mot du vocabulaire cornélien) ; le plus souvent elles signifient un lieu qu'elles désignent : ainsi les gardiens "limites" du chantier de *Combat*, les putes et l'inspecteur, liés au bordel dans *Roberto Zucco*, et là encore les policiers disent la rue, et les gardiens disent la prison, comme les passants font partie du jardin public. Mais s'ils montrent le lieu, ils en disent aussi les paroles, et, si l'on peut dire, ils le parlent. Parole impressionnante. Une fois, chez K. les silhouettes disent non le lieu, mais le temps, la situation politique : ce sont les Importants qui dans *Le Retour au désert* complotent l'explosion du café Saïfi ; mais aussi Aziz lui-même, la victime. Tous disent quelque part l'ordre public.

L'ambiguïté. La détermination des personnages pose problème. Elle est toujours imparfaite, comme si les zones d'ombre étaient non pas accidentelles mais nécessaires. Certains, même singulièrement marquants, n'ont pas de nom : pas de nom le Dealer ou le Client ou le parleur de *La Nuit juste avant les forêts*, pas de nom la Famille dans *Roberto Zucco* : ils ne sont désignés que par leur titre de parenté ; et même la Gamine n'a pas plus de nom que la Dame. Souvent ils n'ont pas d'origine : dans *La Nuit juste avant les forêts*, tout ce qu'on sait c'est que le héros est étranger. Mais d'où vient-il ? Mystère. K. voulait que le Dealer fût noir ; mais les signes de sa "négritude" sont assez discrets dans le texte pour que Chéreau ait pu passer outre ; il y a "les champs de coton" qui ne suffisent vraiment pas ; les familles prolifiques qui donnent "des frères (…) en nombre incalculable" ? Mais c'est peut-être une plaisanterie. Reste le seul signe indubitable : le Dealer ne souffre pas du froid. encore faut-il que le spectateur sache que les Noirs, dont l'origine est en général un pays tropical, ont beaucoup moins de "points du froid" que les gens nés en pays tempérés. La détermination est incertaine. Très peu de détails physiques ; une exception : la beauté de Roberto. Mais elle n'est pas anecdotique, elle est consubstantielle au personnage.

Détermination incertaine. Ainsi la définition (provisoire) que K. donne des personnages de *La Solitude* est-elle bien éloignée de ce que montre Chéreau ou de ce que nous pouvons imaginer à la lecture : "Il y a un bluesman imperturbablement gentil, doux, un de ces types qui ne s'énervent jamais, ne revendiquent jamais. Je les trouve fascinants. L'autre est un agressif écorché, un punk de l'East Side, imprévisible, quelqu'un qui me terrifie[50]". Les personnages seront-ils donc déterminés par leur milieu ? Le milieu, dit K., je ne sais pas ce que c'est. A propos de *Quai Ouest*, il dit : "Je ne suis pas d'accord quand on m'accuse de décrire un milieu sordide. C'est quoi le milieu ? Une notion valable en politique, en sociologie, mais qui n'a rien de concret. Mon milieu personnel va de l'hôtel particulier à l'hôtel des immigrés. Mes personnages sont des petits-bourgeois perdus, ils ne sont pas sordides. Ils ne sont pas déracinés. Les racines, ça n'existe pas[51]." Petits-bourgeois, en tout cas, de même que Cécile est une Indienne, et parle quechua. Le milieu est bien là, mais il est vrai que les personnages n'apparaissent pas vraiment déterminés par lui. Et dans le propos de K. un élément essentiel : "mes personnages ne sont pas sordides". Aucun personnage chez K. n'est sordide, sauf peut-être les Importants du *Retour*.

Déterminés pourtant ces personnages, au travers de la zone d'obscurité qui est la leur. Koltès dit : "Je ne peux composer un personnage sans tout savoir de lui, d'où il vient, ce qu'il a mangé au petit déjeuner[52]." Un extraordinaire texte publié dans *L'Ampli*, après la sortie du *Retour*[53], raconte "Cent ans de l'histoire de la famille Serpenoise", avec un grand luxe de détails : "Pour aider les comédiens à nourrir leurs personnages, Bernard-Marie Koltès a imaginé l'itinéraire de la famille Serpenoise, en amont et en aval de la pièce."

Déterminés, les personnages : l'imagination de K. assure, jusque dans le détail, leur position dans le monde. Leur position c'est-à-dire à la fois leur situation, et la conscience qu'ils en prennent. Leur situation ? Tous vivent un manque ; manque d'argent pour la plupart, manque d'amour quasiment pour tous, manque d'avenir pour la plupart des êtres jeunes, garçons et filles, manque de certitudes, obscurité pour eux du monde passé et du futur qui les attend. De là leurs positions diverses : de refus avec fuite dans le rêve et l'utopie (le parleur de *La Nuit juste avant les forêts*, Edouard du *Retour*) ; de fuite dans la violence (Zucco, Cal, et peut-être les deux personnages de *La Solitude*) ; d'espérance obstinée, c'est Léone, la Gamine, Claire, peut-être Mathilde, en tout cas, les femmes ; et le vouloir de mort (le Client et Charles dans *Quai Ouest*).

Chez tous la même ambiguïté, l'ignorance où est le spectateur, non pas de leurs vouloirs, que disent leurs "actes de langage[54]", mais de leurs motivations, de toute cette "aura" qui entoure nos actes et voile nos pensées exprimées. Ce que nous savons des personnages de K., c'est leur langage qui nous le dit. Mais leur langage aussi est ambigu et doit l'être, parce que d'abord il permet le domaine d'invention réservé aux artistes de la scène, metteur en scène et comédiens, qu'ensuite, il est la part de création réservée au spectateur-lecteur. C'est Michel Piccoli qui remarque dans *Combat* : "Un délire de langage qui cache l'essentiel de ce que les personnages ont à dire[55]." Ambiguïté : dans *Quai Ouest*, Charles injurie Abad : veut-il le pousser à lui "offrir la mort", selon la formule de K. ?

Le langage du personnage dit-il son être, son originalité ? Oui, dit Monique Le Roux, qui parle du "mimétisme du style par rapport à chacun des personnages[56]". Affirmation qu'il faudrait singulièrement nuancer : chacun des personnages parle "soi", mais, nous le verrons, chacun des personnages "parle Koltès". Ce qui est sûr, c'est que le concret du personnage, sur quoi peut s'appuyer l'acteur, c'est sa parole. A condition de ne pas demander à son discours des révélations sur un "être" du personnage, car ce que dit le personnage sur lui-même est aussi incertain que ce qu'en disent les autres. Ainsi les "je suis" de Zucco : à l'homme dans le métro "je suis un garçon tranquille", mais aussi "je suis comme un train (...) comme un hippopotame" ; dans le jardin public, à la Dame, il dit "je suis doux et pacifique" avant de tuer l'enfant, et il dira plus tard : "je suis un tueur". Tout au plus le personnage peut-il dire – le plus souvent de façon indirecte – ce qu'est son désir, ou sa perspective : ainsi l'affirmation du "parleur" de *La Nuit juste avant les forêts* : "Moi je ne travaillerai pas." L'ambiguïté demeure et, de temps en temps, K. dit à propos de tels de ses personnages : "Je ne sais pas, peut-être[57]." Ce qu'il y a de sûr, c'est que dans le théâtre de K. chacun des personnages a sa chance, aucun n'est dévalué ou méprisé, même une vieille ruine comme

Rodolfe dans *Quai Ouest*, même Roberto Zucco, le tueur absurde, et K. dit : "Chacun accomplit absolument ce qu'il voulait ou avait à accomplir[58]." Loi de son théâtre, loi de la forme particulière de fatal qui s'y rencontre. Loi de ce "sentiment" que les personnages inspirent au spectateur, la "compassion" : "Je ne prends au sérieux que les personnages. Je les aime et je les défends, tous, quels qu'ils soient, et pas plus l'un que l'autre[59]."

"Des conneries provisoires". K. ne se lasse jamais de moquer les "lois traditionnelles de la psychologie" : "On traite parfois les sentiments comme on traitait le mouvement à l'ère préscientifique, avec une explication du genre : la flamme monte et la pierre tombe. Les sentiments éternels, c'est un peu comme les lois éternelles en mécanique : des conneries provisoires[60]."

Aussi ne pas expliquer par ces "conneries" les rapports interpersonnels, soumis à des forces autrement riches, subtiles, irrationnelles. C'est sur ces forces que travaille K. et c'est ce qui fait l'incroyable efficacité de son théâtre.

Refus des explications convenues et des vocables tout faits : ainsi le mot *amour*. A propos de *Quai Ouest*, il dit : "Un metteur en scène qui résumerait ma pièce : «Un tel aime un tel» n'aurait rien compris. Aimer, c'est le mot le plus dénué de sens que je connaisse en tant que tel, parce que ça recouvre un tel éventail d'attitudes qu'il ne veut absolument rien dire. Dans la fiction, le mot «amour» est toujours une explication facile pour les acteurs et les metteurs en scène. C'est une chose que j'ai quant à moi totalement évacuée, je n'ai aucune envie de parler de l'amour, je m'en fous ! L'amour fait son chemin tout seul dans mes pièces, il sera toujours là où on l'attend le moins, ce n'est pas à moi d'en parler[61]." Dans ces mots une idée essentielle : c'est "l'éventail d'attitudes" que recouvre la notion d'amour, l'incroyable richesse de modulations et de motivations. De là la contradiction qu'assume K. ; quand il dit à la fois qu'il a "évacué" l'amour, et que l'amour "fait son chemin tout seul". "Il faut croire que l'amour, la passion, la tendresse font leur chemin tout seuls, et qu'à vouloir trop s'en occuper, on les rapetisse et on les ridiculise toujours[62]." Admirable définition de ce qu'est dans ses pièces ce qu'à défaut d'autre mot on pourrait désigner par le mot de pulsion. Chez K. l'amour est une réalité sans doute, mais quelle réalité ? Il ne nous le dira jamais ; l'amour est un non-dit : "dans *Quai Ouest* (...) il est faux de penser que des formulations amoureuses sont omises, ou cachées, ou contournées. Dans ce qui lie Charles et Abad, et qui conduit littéralement à offrir la mort à l'autre, il n'y a aucun «je t'aime» par en dessous. D'ailleurs ce ne sont pratiquement jamais les situations complexes qui dissimulent des «je t'aime», ce sont plutôt les «je t'aime» qui dissimulent des situations complexes[63]." Situations complexes au travers desquelles se fraie sa route – obscure et mal définie – la pulsion. Mais sans doute est-ce là, dans cette zone de non-dit, que trouve sa force ce qu'on pourrait appeler le réalisme de K. Ne pas se payer de mots, mais montrer, à travers l'ambiguïté des déterminations du monde, la marche des vouloirs humains, dans leur non-concordance entre eux, ou avec une quelconque logique prévisible. Mais ce qui frappe le spectateur, c'est que, souvent surpris par le chemin que prennent les paroles et les actes, il n'est jamais dérouté, mais reconnaît une logique supérieure, celle d'une demande, que nous interrogerons.

LES THÈMES

Un traitement particulier de la violence. L'un des thèmes clefs de l'œuvre, c'est ce que nous fournit chaque jour la presse ou la télévision, une ration quotidienne de meurtres, de sang versé, de violences morales ou matérielles. Pas de pièce de Koltès sans un fait divers, fût-ce un pauvre type dépouillé par des loubards, comme dans *La Nuit juste avant les forêts*. Il y a autre chose dans *La Nuit juste avant les forêts*, cette "chasse au rat" à laquelle le parleur est convié par sa belle. Terrible actualité : "Viens avec moi, minet, ce soir on chasse le rat[64-65]." Et l'innocent parleur, cette victime, finit par avouer son "envie de tuer". Deux meurtres dans *Combat*, deux aussi dans *Quai Ouest*, une explosion criminelle et meurtrière dans *Le Retour au désert*, sans parler d'un meurtre ancien peut-être. Une bataille s'annonce dans *La Solitude*. Et pour finir un tueur en série, un *serial killer*, dont le modèle est récent, avec, sous nos yeux, deux meurtres, les pires, celui de la mère et celui d'un enfant, un autre plus ancien, celui du père, et, tout proche, le meurtre de l'inspecteur. Dans tous les textes, non seulement la loi est bafouée, mais c'est la violence qui s'installe, visible, éclatante, non maîtrisée.

Or la caractéristique de cette violence est qu'elle est gratuite. A part le vol des loubards, qui avaient peut-être une petite envie d'argent, toutes les autres violences n'ont rigoureusement aucun sens ; la vengeance réclamée et obtenue par Alboury, pour le meurtre de son frère, est une contre-violence, une réponse. Mais le premier meurtre, lui, est un acte parfaitement gratuit : "Quand je l'ai vu, dit Cal, le meurtrier, je me suis dit : celui-là je ne pourrai pas lui foutre la paix. L'instinct, Horn, les nerfs. Je ne le connaissais pas, moi ; il avait seulement craché à deux centimètres de mes chaussures ; mais l'instinct, c'est comme cela que cela marche[66]." Et la mort de Cal, ce n'est pas le vengeur qui l'exécute – il est sans armes –, c'est, invisible, anonyme, le groupe des gardiens. Le mobile du meurtre est comme résorbé dans une vengeance sans visage.

Si Adrien a tué Marie, on ne saura jamais pourquoi il a voulu ou dû se débarrasser d'une créature aussi pâle… Quant aux mobiles politiques de la bombe au café Saïfi, ils n'apparaissent même pas, si bien que le sens de l'acte semble s'évanouir ; l'horreur est dépassée non par la sottise seule, mais par le néant – et par les soupirs de Borny, l'avocat, qui "ne veut pas avoir la conscience éclaboussée de sang", mais reste bien d'accord avec les autres[67].

Le plus étrange, peut-être, est la violence dans *Quai Ouest*. Le premier geste est peut-être (mais il y a un doute) un coup de feu d'Abad sur Koch, mais c'est Koch qui l'a réclamé, avec insistance. Quant au second meurtre, celui de Charles, il est ambigu : "offrir la mort" à son ami, dit Koltès. Bien, mais n'y a-t-il pas un mobile, ici, un mobile clair et puissant ? Charles a demandé son argent à Abad, et celui-ci le lui a donné ; Charles a gratifié Abad d'une formule douteuse, nous l'avons vu : "C'est pour ça que je t'aime, moricaud[68]." "Je t'aime." Puis il décide de partir seul, emportant l'argent d'Abad : "Tu es un esclave, et puis tu es trop con, je ne veux plus te voir[69]." Peut-être le meurtre est-il trop explicable ; mais on ne nous le dira jamais, comme si cette violence absolue, le meurtre de l'ami (qui vous a recueilli), devait rester inexpliquée. Comme si par nature la violence était la grande énigme.

Ce que nous dit la bagarre finale, obscure, entre le Dealer et le Client de *La Solitude*, mais mieux encore Roberto Zucco, héros solaire ; le meurtre du père est sans explication, en tout cas s'il y en a une, on ne nous la donnera pas : "tu as serré (le cou) de ton père, que tu as tué (...) que tu as jeté par la fenêtre comme on jette une cigarette". Après quoi vient le meurtre de la mère, et en celui-là peut-être peut-on lire la révolte de n'être plus aimé : "je t'oublie, Roberto, je t'ai oublié", crie la mère[70]. Et immédiatement après, il l'embrasse, la serre, l'étrangle. Le meurtre de l'inspecteur est dénué de tout sens, et la pute le raconte comme le fruit de "forces diaboliques[71]". Il le tue par-derrière ; est-ce vraiment pour s'emparer de son revolver ? C'est ce qu'il fait. Mais pourquoi tuer le fils de la Dame ? Là le meurtre est plus que gratuit, provocateur. Cette provocation lui donne-t-elle un sens ? C'est ce qu'on peut penser en l'entendant énumérer ses meurtres : "je suis le meurtrier de mon père, de ma mère, d'un inspecteur de police et d'un enfant. Je suis un tueur."

Le mot est dit, et peut-être là saisirons-nous le sens des meurtres dans l'œuvre de K. Car chacun des meurtriers se caractérise par, si l'on peut dire, sa bonne conscience. Indifférence de Cal qui ne pense qu'à se débarrasser au plus loin de son encombrant cadavre. On ne sait comment réagit Abad, car la pièce s'arrête. Quant à Adrien, pour les morts du café et la blessure de son propre fils, il montre la plus grande indifférence. Alors Zucco… Mais il ne manifeste rien jusqu'au moment où il identifie son être à la mort même.

Et c'est lui qui fournit l'explication, non de ses meurtres seuls mais du voile de violence qui s'est abattu sur le monde. Roberto est dans une gare, en compagnie de la Dame dont il a tué le fils et il regarde les gens : "Je suis déjà enfermé au milieu de ces gens. Ne les regardez pas, ne regardez pas (…) Regardez tous les fous. Regardez comme ils ont l'air méchant. Ce sont des tueurs. Je n'ai jamais vu autant de tueurs en même temps. Au moindre signal dans leur tête, ils se mettraient à se tuer entre eux (…) S'ils se mettent à nous regarder et à nous voir, un signal se déclenche dans leur tête, et ils tuent, ils tuent. Et s'il y en a un qui commence, tout le monde va tuer tout le monde[72]." Ce que voit ici l'obsession de Zucco, c'est la violence généralisée à l'ensemble du monde ; projection certes de sa propre violence homicide, mais celle-ci est dite comme une réponse à la peur qu'engendre l'universelle violence sans raison, et même sans cause. La violence homicide de Zucco apparaît alors comme une violence défensive.

On comprend comment l'histoire de Zucco peut prendre valeur mythique. Un mythe de la violence. Violence verbale aussi, et les exemples en seraient trop nombreux. Bien plus, l'agressivité apparaît comme un désir : "Il faudrait se haïr vraiment, dit Koch, mais non pas comme un homme normal hait une femme, en vivant à côté, dans les formes, non comme un pauvre type hait un homme du monde, mais comme la peau hait le vitriol[73]."

Formules extrêmes qui pointent alors une question qu'elles laissent sans réponse : l'agressivité est-elle consubstantielle aux rapports humains, au désir humain ? C'est la question que pose Lacan, qui n'y répond pas, lui non plus : "Il n'est pas si simple de parler avec Mme Mélanie Klein de pulsions agressives primordiales (...), cette sorte de mauvaiseté primordiale du nourrisson, dont le marquis de Sade nous souligne que son premier mouvement serait, s'il le pouvait, de mordre et de déchirer le sein de sa mère. Il n'est pourtant pas vain que l'articulation du problème du désir dans sa perversité foncière nous ramène au divin marquis, qui n'est pas le seul en son temps à avoir posé, d'une façon très intense et très aiguë, la question des rapports du désir et de la nature. Y a-t-il entre les deux harmonie ou dysharmonie foncière ? (...) Donc cette demande de mort, nous ne savons pas d'où elle vient[74]." La nature humaine veut-elle le bien, ou veut-elle la mort de l'Autre ? Tout le théâtre de K. est traversé de cette interrogation.

Quels remèdes ? Dans *Combat*, Léone, pour opposer son vouloir et son désir à la violence qui pèse sur l'Afrique, ne trouve qu'un moyen : se mutiler, violence sur soi pour racheter... quoi ? Un autre remède innocent celui-là, le rêve, ainsi dans *La Nuit juste avant les forêts*, le parleur rêve-t-il : "Si l'on se couche une bonne fois dans l'herbe et qu'on prend le temps de s'expliquer[75]." Et s'il existe un remède à la violence, c'est la parole peut-être, l'échange parlé.

L'échange. Que notre monde soit un univers de l'échange mercantile, c'est ce que nous dit K. à chaque instant. Il nous l'assène avec force, au point de nier, nous l'avons vu, l'univers des échanges sentimentaux. Pour *Quai Ouest*, dans ce texte fondateur qu'est le commentaire de K., il écrit : "On n'a pas le droit d'interpréter aucune des scènes de cette pièce comme une scène d'amour, parce que aucune scène n'est écrite comme une scène d'amour. Ce sont des scènes de commerce, d'échange et de trafic, et il faut les jouer comme telles. Il n'y a pas de tendresse dans le commerce, et il ne faut pas en rajouter où il n'y en a pas[76]." Ainsi, dès *La Nuit juste avant les forêts*, la parole dit-elle l'échange possible et d'une certaine façon ne raconte que cela. La première demande parle d'un prix à payer : "Camarade, donne-moi du feu, cela ne te coûtera rien (...) cela ne te coûtera rien de t'être arrêté, ni feu, ni cigarette, camarade, ni argent (pour que tu partes après ! je ne suis pas à cent francs près, ce soir), et d'ailleurs, j'ai moi-même de quoi nous payer un café[77]." Toute démarche de rencontre s'établit d'abord sur le registre de l'échange monnayé, avec tous les accidents.

Le drame de *Combat*, c'est qu'il n'y a pas d'échange possible : le Noir Alboury refuse la civilisation de l'échange, il ne veut pas d'argent en échange de la mort du frère ; il veut le cadavre, un point c'est tout. Et il se heurte à un univers à la fois aussi construit et aussi inachevé que le pont de l'autoroute, celui du libéralisme économique[78]. C'est contre cet univers et la promesse de Horn, le séjour “au lac de Constance ou ailleurs” contre le mariage, que Léone marque sa rupture en scarifiant ses joues ; et Cal s'écrie avant de se faire tuer : “Tout cela pour l'argent, bébé, l'argent nous prend tout, même le souvenir de notre âge[79].” Et l'investissement de Horn dans l'Entreprise est total, à Léone, il crie pour finir : “Pensez ce que vous voulez, mais ne faites pas de mal à l'Entreprise (...) Cela je vous le demande comme... comme une faveur. Je lui ai tout donné moi, tout ; elle est tout pour moi, tout[80].” Ici, curieusement, l'univers de l'échange économique a perdu : même la liqueur symbole, le whisky, n'a pas convaincu Alboury, et Cal est mort, Léone s'en va, Horn est vaincu.

Il est vrai que tout l'univers de *Quai Ouest* est un univers de l'échange mercantile : à partir du moment où arrive l'argent (ou la promesse d'argent) sous les espèces d'une voiture chère et de deux “gens du monde” qui paraissent avoir du numéraire, tous les échanges vont se faire sous le signe de “qu'y a-t-il à gagner ?”. Charles offre sa sœur à Fak, contre les clefs de la voiture de luxe. De là, autour du rêve financier, tout un ballet, qui apparaîtrait obsédant, s'il n'y avait un autre type d'échange, celui que fait Claire offrant son pucelage à Fak pour qu'il empêche son frère Charles de partir ; c'est la très jeune femme qui paraît une fois encore sortir de l'engrenage du “fric”... Et le rêve funèbre de l'Indienne Cécile attendrirait si on ne l'avait entendu donner la définition même du drame de *Quai Ouest* : “Dis-moi, Carlos, dis-moi ce que tu comptes faire pour en tirer très vite tout ce qu'on peut en tirer, pour le faire cracher, pour plumer ce pigeon, pour saigner ce vieux coq jusqu'à la dernière goutte de son sang, avant qu'il n'ait pu, à force de trahisons et de complicité, remettre son automobile en marche et qu'il file avec la poule et toutes nos espérances et tout le gâteau sans nous laisser une part, nous laissant dans le noir et dans la misère noire, sans eau, sans argent[81] (...)."

Toute la problématique de *La Solitude* est celle de l'échange : échange à l'état pur puisqu'il s'agit de marchandises non déterminées, et qui ne fonctionnent pas dans les circuits catalogués et socialisés de l'économie. Or, apparemment, l'échange ne marche pas : pourquoi ? C'est que l'échange mercantile recouvre et cache un autre type d'échange, celui qui peut s'établir entre deux humains, sans considération d'intérêt et de profit. Echange de désirs – autres que d'argent ou de plaisir immédiat ? On voit comment ici l'affirmation réitérée de l'échange mercantile conduit à une question plus vaste, celle des lois de tout échange. Le thème de l'achat illicite devient comme le mythe des relations humaines – et de la possibilité d'un échange qui ne serait pas pour finir bataille. La thématique de l'échange rejoint celle de la violence.

Ce thème serait quelque peu occulté dans *Le Retour au désert*, par les relations familiales, s'il n'y avait au départ cette sorte d'échange qu'a été le partage de l'héritage entre le frère et la sœur Serpenoise. Troc que Mathilde veut à présent rattraper, ou plutôt dont elle veut enfin profiter. Mais là encore au travers de l'enjeu financier se glissent d'autres façons d'aborder l'autre.

Quant à *Roberto Zucco*, on peut dire que la violence est première, s'il n'y avait autour de la Gamine une série d'échanges ambigus : elle est échangée par son frère contre l'argent que donne le Maquereau ; mais l'échange est ambigu, et quand le Frère dit : "C'est elle qui a voulu, je n'ai fait que lui céder. Je n'ai jamais pu ne pas céder à ma petite sœur", nous savons que même si la Patronne le traite de "belle ordure", il dit la vérité[82]. Un autre troc dans *Roberto Zucco*, celui, trahi, des clefs de la voiture contre la vie de l'enfant. Roberto Zucco reçoit les clefs, mais tue l'enfant ; il est dans le domaine de la violence, il n'est plus, il n'est pas dans le circuit de l'économique : quand sa mère lui propose de l'argent, il refuse ; l'argent de la Dame, il le refuse aussi, et sur le toit de la prison, avant de tomber il dit encore : "Je n'ai pas d'argent, nulle part. Je n'ai pas besoin d'argent[83]." La violence lui a permis d'être hors circuit économique, à moins que ce ne soit l'inverse, et que l'impossibilité pour lui de s'inscrire dans le circuit économique – impossibilité avant tout psychique – l'ait conduit, inexorablement à la violence : dialectique parlante. Et ne peut-on pas dire aussi que son choix de la violence est un refus de l'économique ?

Reste un dernier échange, qui lui aussi sort du circuit, c'est l'échange que fait Roberto Zucco involontairement, du pucelage de la Gamine contre sa propre vie : "Toi, mon vieux, tu m'as pris mon pucelage, tu vas le garder (...) Tu l'as jusqu'à la fin de tes jours, tu l'auras même quand tu m'auras oubliée ou que tu seras mort. Tu es marqué par moi comme par une cicatrice après une bagarre[84]."

Que dire si ce n'est cette vérité ? Pas plus que la thématique de la violence n'est exempte d'ambiguïté, l'échange économique n'est simple : il suppose toute une série d'autres relations éloignées de l'économique ou n'y conduisant pas. Les humains ont d'autres modes d'approche, et c'est le génie de K. de pouvoir, tout en montrant les thématiques majeures des rapports humains, ne pas omettre tout ce qui y échappe.

La thématique de l'Autre. L'individu Koltès manifeste avec la dernière énergie son vouloir : saisir l'humain dans la différence, comme si seule cette différence ou plutôt notre rapport à elle pouvait être constructive et féconde. C'est un point de départ absolu non seulement de sa pensée, mais de son art.

Une passion, mais qui comme toute passion est exclusive, et s'accompagne de rejet, et même – le mot est de K – de haine ; il s'en explique dans les derniers mois de sa vie, avec tout le recul nécessaire : "Je ne vois pas pourquoi je ménagerais la susceptibilité des Français ou des… Je les hais vraiment. Je les hais…" Et comme Zucco, il dit : "Je descends dans la rue, je vois un embouteillage avec les gens prêts à tuer ! Littéralement à tuer (…) C'est propre à l'Occident, certainement. J'ai parlé de l'Europe évidemment… Je ne parle pas de l'Amérique. Les Etats-Unis, c'est encore pire. Mais tous les jours, tous les jours, je deviens fou, moi… c'est des tueurs, c'est des tueurs en puissance, tous. (…) Et ils tuent d'ailleurs (…) Les voisins qui tirent sur les gens qui cassent une voiture… Non, non, c'est vraiment des tueurs, les Occidentaux[85]." Oui, mais, "je ne vais pas avoir la haine des Français comme préoccupation pour toute ma vie[86]". Cette haine, c'est l'envers d'une passion.

Aimer les autres, l'Autre. Et d'abord les Africains. Et L. Attoun interroge : "Qu'est-ce qu'ils ont de plus que nous ? Ils sont plus libres ?... plus malheureux ?... plus authentiques ?" K. avoue ne pas savoir : "Ce qu'ils ont de plus, c'est par la négative... Ils ne sont pas arrogants. Ils sont pas cons comme les Français. C'est pas des tueurs en puissance[87]." L'amour pour l'Autre, aussi irrationnel que la haine, certes, mais avec le sentiment de faire un pas vers ce qui est la nouveauté de cette fin de XXe siècle, la "mondialisation", l'impossibilité de privilégier éternellement l'Occident, fût-ce dans sa version américaine. On retrouve ici dans l'une des préoccupations de K. ce qui est aussi l'un des problèmes majeurs de notre temps, ce Tiers Monde ou ce Quart Monde en nous, hors de nous, cette "mondialisation" sous toutes ses formes dont Valéry en 1917 disait déjà l'angoisse. Une forme d'angoisse dont la présence muette et finalement meurtrière d'Abad, dans *Quai Ouest*, est la brutale métaphore, dont le mythique parachutiste du *Retour*, procréateur noir, est l'envers comique et fécond. L'Autre menace de mort et de vie. Avons-nous dit "angoisse" ? Espérance serait un mot plus juste – les deux mêlés, sans doute comme toujours chez K. Retour au passé, à la guerre d'Algérie, aux souvenirs de l'enfant Bernard Koltès : "En ce qui me concerne, c'est probablement cela qui m'a amené à m'intéresser davantage aux étrangers qu'aux Français. J'ai très vite compris que c'étaient eux le sang neuf de la France, que si la France vivait sur le seul sang des Français, cela deviendrait un cauchemar, quelque chose comme la Suisse." Nécessité du métissage qu'il condamne quand c'est la "folklorisation" de l'art africain, mais qu'il juge fécond dans le domaine de la musique africaine et négro-américaine.

Nécessité de la présence de l'autre, du regard de l'Autre sur soi et de soi sur l'Autre. Appréhender l'Autre comme une connaissance nouvelle, appréhender l'Autre comme un objet d'amour. Ce que devient l'Autre dans l'œuvre de K., aussi bien Abad – insulté bassement par tous les membres de la famille, mais peut-être objet de désir et de consommation pour Charles – qu'Alboury, sur lequel se fixe soudain le désir, et – disons le mot – l'amour de Léone. Son cri est comme le condensé de l'appel à l'Autre dans le théâtre de K. : "O noir, couleur de tous mes rêves, couleur de mon amour ! Je le jure : lorsque tu rentreras chez toi, j'irai avec toi (…) ta terre sera ma terre, et jusque dans ton sommeil, je le jure, jusque dans ta mort, je te suivrai encore[88]." Un écho ironique dans *La Solitude*, où le Dealer finit par dire : "Et si vous décidiez de ne pas vous réveiller, je resterais à côté de vous, dans votre sommeil, dans votre inconscience, au-delà[89]."

Désir de l'Autre, à défaut d'amour. Prend place ici le fait biographique du désir de Bernard Koltès pour le corps noir, désir orienté ; comme si seul le Noir pouvait être cet objet. L'écrivain écrit aussi avec son désir, et utilise les forces de ce désir pour lui donner forme poétique, c'est-à-dire universelle.

La solitude et l'appel à l'Autre. L'appel à l'Autre peut être nommé désir – ou amour – et être distinct de la sexualité. La passion, traditionnelle, combinaison de désir et d'"amour", est absente du théâtre de K., et les exemples qui pourraient s'y rapporter, celui de la Gamine, par exemple ou de Léone, ou celui de la Dame, sont singulièrement ambigus, au-delà d'un simple vouloir amoureux.

Le point de départ, l'origine de tout, c'est la solitude. Dans l'univers de K., la solitude est le noyau de toute la sensibilité – au carrefour de l'expérience vécue, de la philosophie, de la création. Et ce n'est pas faire une confiance excessive à la biographie que de voir dans la thématique de la solitude l'un de ces nœuds de création où s'unissent la vie, la pensée, l'écriture. Bernard Koltès parle, de lui – et des autres : "Vivre à deux (...) ça ne résout pas le problème (...) : C'est pas ça qui va résoudre la solitude. C'est un truc fondamental : tous les hommes... toute l'humanité est complètement seule... On naît seul... et on meurt tout seul... et on vit tout seul évidemment[90]." La solitude, une philosophie et un choix. Pas de couple donc : "Même à deux, les gens sont terriblement seuls. (...) ça ne résout pas le problème... Rentrer le soir et trouver quelqu'un à la maison, c'est quand même un peu... Moi je préfère sortir le soir pour trouver quelqu'un[91]."

Ce qui est dit là avec une étonnante simplicité, c'est l'univers bien connu de la drague homosexuelle. Mais ce n'est pas si simple. Attoun : "Mais ces rencontres... que vous suscitez... ou que vous espérez en quittant chez vous... en allant par exemple dans les cafés algériens..." K. refuse de répondre : "Oh, c'est pas vraiment comme ça que ça se présente[92]..."

La solitude donc, et Attoun va plus loin et interroge : "Je n'ai pas dit par exemple le mot AMOUR, mais ce n'était pas nécessaire, je crois ?" Alors K. proteste, avec violence et l'auteur, que nous avons vu refuser que l'on parle d'amour à propos des relations entre ses personnages, s'écrie : "Ecoutez, s'il n'y avait pas ça (l'amour)… on se pendrait tous… Je ne suis pas dans le désert de l'amour quand même. (…) L'amour (…) il a toutes les formes du monde… S'il n'y avait pas ça, franchement ? Pourquoi je vivrais ? pourquoi on vivrait ? ATTOUN. – C'est conciliable avec la solitude ? B. M. K. – Oui, bien sûr, l'amour est toujours tragique[93]."

Aimer, mais qui, et comment ? "Les amis, c'est de l'amour ! les vrais amis… Je ne fais pas de distinctions, moi (…) C'est pas quand on baise, quand même, l'amour[94] *(rire).*" Formule fondamentale et que K. appuie fermement : "Ça n'a rien à voir ! L'amour, l'amour, c'est un truc profond. C'est autre chose. (…) Je n'ai jamais pu confondre les deux. Je pensais même que l'un était un obstacle à l'autre. C'est évident (…) Si j'aime (quelqu'un), je ne couche pas avec, je peux vous le dire (…) J'ai pas envie de baiser avec les gens que j'aime, et j'ai pas envie d'aimer *(rire)* les gens avec qui je baise[95]."

Il dit aussi – et c'est une formule qu'il faut prendre avec sérieux : "Ecoutez, je me livre dans mes pièces." Dans aucune de ses pièces, il n'y a de couple érotiquement satisfait, qu'il soit hétéro- ou homosexuel, et les deux coïts présents (dans *Quai Ouest* et dans *Roberto Zucco*) sont des viols ou des quasi-viols de très jeunes filles, des actes d'où le sentiment est parfaitement absent. Pas d'amour charnel présent, pas de couple susceptible d'être physiquement comblé.

Ce que dit ce théâtre, c'est cette cruelle séparation, cette faille entre le désir et l'amour, inhérente peut-être à l'espèce humaine, mais que notre époque tend à aggraver.

Fraternité. Koltès dit aussi que le lien le plus fort, c'est celui de frère, et quelle que soit la réticence avec laquelle il en parle, il est clair que c'est la relation fondamentale : "L'avantage provisoire du mot «frère» sur tout autre mot désignant ce qui lie quelqu'un à quelqu'un, c'est qu'il est dépourvu de toute sentimentalité, de toute affectivité ; ou en tout cas, on peut facilement l'en débarrasser[96]." Pas si facilement que cela à en croire l'œuvre de Koltès : chaque fois que l'on voit apparaître quelque chose qui ressemble à un sentiment d'amour, c'est entre frères ou frères et sœurs : ainsi Claire pour Charles, dans *Quai Ouest*, ou le frère et la sœur de la Gamine dans *Roberto Zucco*, ou le couple délicieux de Maïmouna et de Petit Abou dans ce *Tabataba*, vrai duo d'amour.

Si Alboury veut avec cette violence absolue le cadavre de son frère, ce n'est pas seulement pour obéir à la loi de la tribu : "J'ai fondé son personnage sur le désir irrépressible qu'il a de récupérer le corps de son frère jumeau. Ce n'est pas l'amour tel que Horn et Cal l'entendent, mais un amour très physique pour son frère qui le pousse[97]."

Il affirme écrire pour ses "frères", frères de sang et amis ; il dit à Njami Simon[98] (il a trois amis, un Arabe, un Sénégalais, un Chinois) : "Chaque fois que j'écris une pièce, je pense à eux. Ils sont les frères dont j'ai toujours rêvé, et souvent, c'est pour eux que j'écris." Dans le film de François Koltès, l'un de ses amis de toujours, Carlos Bonfil, dit : "En me donnant la qualité de frère, il me donnait un privilège, l'accès au monde merveilleux qu'il s'était créé (…) la notion de fraternité beaucoup plus vaste que celle de l'amour, de la famille…"

On voit comment l'idée de fraternité se lie, par un détour, à l'idée de l'Autre dans son étrangeté, et comment elle se noue avec la pensée d'une élection affective toujours séparée du désir et qu'il nomme amour.

La fraternité, familiale ou de choix, c'est l'affirmation irréductible de toute l'œuvre : ce qu'elle dit c'est qu'il y a un rapport entre les hommes, indiscutable, profond, impossible à définir et que le mot "frère" permet de désigner, sinon de saisir. François Koltès : "Comprendre ses liens de fraternité, celle venue non pas du sang des pères, mais de celui *qui coule sur le trottoir*, imaginaire et véritable, c'est aussi comprendre son extrême exigence dans la recherche du rapport humain, exigence dont l'essence est liée pour lui premièrement à la filiation, confondu avec elle. Appartenance naturelle, axiome indiscutable : boucle formée de frères, de mère, de père (...) je n'oublierai jamais que rien au monde n'était plus important que ses frères, tous ses frères, qui sont le fondement de son œuvre, liés entre eux par cette chose dont il parle en abondance et ne nomme presque pas (...) cette parcelle d'âme qui est innée et inscrite dans l'humanité, mais qu'on cherche toujours désespérément[99] (...)" Et peut-être son homosexualité lui a-t-elle permis de dénouer le lien si serré dans le quotidien entre l'appel à l'Autre et le plaisir – de mettre l'accent sur un autre postulat des humains, qui est la demande d'amour, cette "parcelle d'âme".

La demande d'amour. Tout le théâtre de K. est structuré par ce qu'on peut appeler la demande d'amour. Non pas le désir, mais un vouloir bien plus insistant, qui est appel à une réponse, qui est demande d'être aimé. En échange on offre l'amour, c'est-à-dire, dit Lacan, "donner ce qu'on n'a pas à quelqu'un qui n'en veut pas". Mais en tout cas on peut offrir, faire un geste oblatif. On peut offrir quoi ? La protection, l'accompagnement, la satisfaction d'un désir (pourvu qu'il soit exprimé), voire un café... Chaque pièce est ponctuée de cette demande d'amour, à une place sensible du texte. Or, ce qui est remarquable, c'est le caractère non marqué de l'objet de la demande. Insistance sur l'acte, le verbe. Le personnage X demande l'amour de l'être qu'il ne connaît pas, la silhouette qui tourne le coin de la rue, le Client qu'on voit pour la première fois ; pour Léone, c'est Alboury, le Noir qui ne dit rien ou parle une langue qu'elle ne comprend pas, ; pour la Gamine, c'est Zucco qu'elle a à peine vu. Demande d'amour plus étrange de Mathilde, de Claire pour leurs frères : là, elles connaissent, mais l'objet est impossible. "La demande, dit Lacan[100], est demande d'amour, demande absolue, qui symbolise l'Autre comme tel, qui distingue donc l'Autre comme objet réel, capable de donner telle satisfaction, de l'Autre en tant qu'objet symbolique qui donne ou qui refuse la présence ou l'absence – matrice où vont se cristalliser ces rapports fonciers qui sont à l'horizon de toute demande, l'amour, la haine et l'ignorance[101]." Un fait, énorme : cette demande d'amour, que l'on trouve plus ou moins discrète, chez la plupart des personnages koltésiens, ne reçoit pas de réponse. Demande justement infinie, inépuisable parce que l'Autre ne répond pas. Et l'angoisse vient de ce que le demandeur ne sait pas comment sa demande est reçue. Il parle, il a parlé (la parole est nécessaire à sa demande) et il ne sait pas ce que veut l'Autre : “La condition de la vie humaine fait que celle-ci est engagée dans la condition de la parole, et nous sommes soumis à l'Autre par la condition de la demande, mais sans savoir ce qu'est pour lui notre demande[102].” Lacan précise : “Il y a en lui (l'Autre) quelque chose que nous ne connaissons pas et qui nous sépare de sa réponse à notre demande. Ce n'est pas autre chose que ce qui s'appelle son désir[103].” Le désir qui “se situe dans cette marge du besoin au caractère inconditionnel de la demande d'amour[104]”.

Chez K., à la demande d'amour, personne ne répond : le passant de *La Nuit juste avant les forêts* ne fait pas entendre sa voix, Zucco ne répond pas à la Gamine, pas plus que Charles à sa sœur Claire. Alboury crache au visage de Léone. Personne ne répond à personne, et la demande d'amour tombe dans le vide, laissant le solliciteur dans l'ignorance du désir de l'Autre.

La plus forte démonstration, c'est *Dans la solitude des champs de coton* qui nous la donne. Que se passe-t-il ici ? Et c'est encore Lacan qui nous éclaire. Le comportement du Client se rapproche de ce que Lacan repère dans le cas de l'obsessionnel (névrose classique et fréquente). Bien évidemment le spectateur ne s'intéresserait que médiocrement à la tentative du Dealer s'il se contentait de solliciter un achat de drogue ou de corps à vendre. Mais ce n'est pas ce dont il s'agit et le spectateur l'entend très vite. C'est une demande d'amour et ce que réclame le Dealer avec tant d'insistance, c'est le désir de l'Autre. Comme la mère devant le petit enfant : aime-moi et dis-moi ce que tu désires, je te le donnerai… Mais l'Autre (ici l'obsessionnel) ne peut pas répondre. Le désir de l'obsessionnel "nie l'élément d'altérité qui est inclus dans la demande d'amour[105]". Et le Client s'écrie : "Il n'y a pas d'amour, il n'y a pas d'amour[106]."

Le comportement du Client est singulièrement éclairé par les observations de Lacan : "L'obsessionnel, en tant que son désir fondamental est dirigé vers le désir comme tel (…) est porté à viser ce que nous appelons la destruction de l'autre[107]", bref, il ne pense qu'à lui, mais le résultat imprévu est l'effondrement de son propre désir : s'il n'y a plus d'Autre, que désirer ? Dans "la destruction de l'autre (…) le désir lui-même vient à disparaître[108]". Ce que nous voyons à chaque pas dans *La Solitude.* Le Dealer ne peut dire le désir, ne peut parler le désir de l'autre, car la demande d'amour est un absolu. Ce désir est une inconnue : aussi le Client est-il traité par le Dealer de "vierge mélancolique" et lui-même parle de sa "virginité". Il nie obstinément éprouver un désir : mais s'il en supposait un, il serait destructeur – destructeur de l'Autre : "Mon désir s'il en est un, si je l'exprimais, brûlerait votre visage[109]." Et quand il évoque la réalité des désirs, il emploie une curieuse formule : "Car des désirs, j'en avais, ils sont tombés autour de nous, on les a piétinés ; des grands, des petits, des compliqués, des faciles, il vous aurait suffi de vous baisser pour en ramasser par poignées[110]." Curieux ? Pas si curieux que cela : "(…) L'obsessionnel est habité de désirs, que, à condition que vous y mettiez un peu la main, vous voyez fourmiller en une espèce d'extraordinaire vermine[111]."

Reste le dénouement, la fin de l'histoire et l'intervention de la violence. Le Client aussi demande quelque chose, une demande qui ne sera pas formulée : "Méfiez-vous du client : il a l'air de chercher une chose alors qu'il en veut une autre, dont le vendeur ne se doute pas, et qu'il obtiendra finalement[112]." Que dit Lacan ? "Il y a une forme fondamentale que nous trouvons à l'horizon de toute demande du sujet obsessionnel et qui fait précisément le plus obstacle à l'articulation par lui de sa demande. C'est ce que l'expérience nous apprend à qualifier d'agressivité, et qui nous a porté à prendre en considération ce qu'on peut appeler le vœu de mort[113]." "(…) Parce qu'un homme meurt d'abord, puis cherche sa mort", dit pour finir le Client[114]. La demande de l'obsessionnel, c'est "la demande de mort[115]".

Derrière le refus du désir, la demande de mort. C'est le sort de l'obsessionnel, mais si l'obsession est une névrose, elle peut être en chacun de nous. Si nous écoutons avec cette passion vorace *La Solitude*, c'est qu'elle nous parle de ce que nous connaissons tous, obsessionnels ou non, la demande d'amour, la chute du désir, le vœu de mort.

Si l'on peut s'interroger sur le caractère obsessionnel du Client, en ce qui concerne Zucco, le doute n'est pas permis. Dès le départ, c'est la demande insistante d'un objet, "le treillis", demande obsédante, comme celle, dit Lacan, de l'enfant qui réclame "une petite boîte", si obsédante que les parents refusent. On sait bien que la demande de l'objet chez Zucco est du même mouvement demande d'amour. L'une et l'autre refusées, brutalement : "Un train qui a déraillé, dit la Mère, on ne le remet pas sur les rails. On l'abandonne, on l'oublie. Je t'oublie, Roberto, je t'ai oublié[116]." La demande d'amour est refusée, le sujet nié ; alors la violence éclate.

L'obsessionnel nie le désir de l'autre, et Zucco viole la Gamine. Quant à la demande de mort, par moments explicite ("Je n'ai rien à foutre de ma vie, je vous jure que je n'en ai rien à foutre[117]"), elle apparaît indirecte à tous les moments du drame, par exemple quand Zucco provoque le Balèze, pour être frappé, ou quand il se désigne aux flics comme "tueur". Désespoir de l'obsessionnel. Deux fois le personnage central pousse ce cri du désespoir. Dans *La Solitude*, la grande réplique quasi finale du Client, qui dit aussi la mort, est une plainte : "Il n'y a pas d'amour, il n'y a pas d'amour[118]." Et Zucco : "Les hommes ont besoin des femmes et les femmes ont besoin des hommes, mais de l'amour, il n'y en a pas[119]." C'est ce qu'il crie dans la séquence VIII, intitulée "Juste avant de mourir", parlant – et ce n'est pas accidentel – dans un téléphone qui ne marche pas.

Et n'oublions pas un autre obsédé, bénin celui-là, attendrissant, le Petit Abou de *Tabataba*, qui sans cesse "brique sa moto", la moto qui "ne te sert même pas à sortir, cela te sert à rester[120]". Là aussi, demande d'amour indirecte, cette moto que l'on caresse ; et la sœur finit par comprendre, apportant à l'objet ses caresses à elle, et peut-être la satisfaction d'un désir qui n'ose pas dire son nom.

Si le théâtre de K. fascine tous les publics, on sait la raison : c'est la présence dans la même œuvre d'une dimension philosophique élaborée et d'une sorte de philosophie de l'existence brute, spontanée, assortie à ceux qui aiment l'ombre.

La demande d'amour, dans le théâtre de K., va au-delà du désir obsessionnel, elle oriente l'ensemble des rapports humains dans toute l'œuvre, même quand ils sont apparemment pris dans les sollicitations de l'intérêt et de l'argent ; c'est elle qui donne à l'œuvre son parfum particulier, qui nous parle à tous, irrésistiblement. C'est elle aussi qui oriente certaines trouvailles de l'écriture, en particulier le quasi-monologue, lieu d'expansion de la demande d'amour. Demande d'amour, demande de mort ; chaque fois la demande nous interroge, double quête qui est proprement le double thème fondamental du théâtre de Koltès.

LE LANGAGE

On comprend alors la contradiction féconde, proprement la dialectique dans laquelle il s'installe. Le théâtre est le lieu de ce rapport à l'autre, de cette demande infinie, et la parole, le langage, est le lieu même du travail de l'écrivain. Dans *Combat*, dit-il, "c'est le langage qui est le véritable sujet de la pièce ; le langage qui vous désigne, vous enferme, ne vous permet pas de communiquer[121]". Le langage est le lieu de *La Solitude* : "Quand on écoute les gens, on se rend très vite compte qu'on n'entend que des monologues et que si parfois un lien s'établit, ce n'est pas par l'intermédiaire du langage[122]."

Monologues ? Non. Dans chacune des pièces, sauf peut-être dans *Le Retour au désert*, il y a un ou plusieurs soliloques, ou plutôt ce que je préfère appeler des quasi-monologues, comme si le monologue était bien là, mais pour être nié à la base : car en face du parleur, à l'origine de la "parlerie", il y a un Autre, un Autre qui écoute, mais ne répond pas. De là, dans *La*

Solitude, le cri de désespoir, qui est aussi une demande de mort.

Un téléphone muet. L'Autre ne répond pas. Et c'est l'une des structures fondamentales du théâtre de K. Quelqu'un parle, supplie, mais personne ne répond. Peut-être est-ce l'invention de cette structure qui fait passer le théâtre de K. de l'in-signifiance au génie. Ce que l'on découvre dans *La Nuit juste avant les forêts* ; le texte est une seule phrase comme une seule demande sans limite assignable, et qui n'a même pas le mérite d'une formulation claire. Un seul acte de langage, la demande. Quelle demande, si ce n'est une demande d'amour. Il n'y a pas d'amour, mais, sans cesse, il faut demander, jusqu'à l'essoufflement, jusqu'à la mort. Et c'est ce que font les femmes dans le théâtre de K. ; les femmes dont la mission paraît être de demander, de demander sans trêve qu'apparaisse ce sans quoi on ne peut pas vivre – ce que nous dit K. –, l'amour. Ce théâtre sans amour est un grand théâtre de l'amour.

Les femmes oui, mais non les femmes seules. Les hommes aussi.

Et d'abord, le parleur de *La Nuit juste avant les forêts*. Un homme seul parle dans une rue, sous la pluie. Il parle à un autre homme, jeune, que nous ne verrons jamais. Mais dont l'existence ne paraît pas être un fantasme du parleur ; "Tu tournais le coin de la rue lorsque je t'ai vu[123] (…) J'ai vu tout de suite que tu ne semblais pas bien fort[124] (…). J'ai bien vu de loin que tu étais un enfant, une sorte de loulou laissé au coin d'une rue[125]." Une parole qui suit apparemment un acte, celui d'aborder, un acte qui sera fait à nouveau pour finir : "Je te trouve et je te tiens le bras[126]."

Ce qui est l'élément décisif : l'imprécision dans l'objet du désir. Que veut le locuteur ? Une chambre, une bière, un café, un peu d'argent, l'amour du jeune homme rencontré ? La confusion délibérément entretenue sur l'objet du désir empêche que se constitue chez le spectateur l'idée convenue d'une situation, celle de la drague homosexuelle ou celle de la mendicité. L'imagination du récepteur oscille entre les hypothèses pour ne retenir finalement que le sentiment lié à l'acte de langage fondamental de la demande – le sentiment de l'urgence de la quête, qui finit par revêtir l'aspect quasi métaphysique d'une quête "religieuse" de l'Autre, d'un vouloir éperdu, celui de sortir de l'enfer de la solitude, enfer matérialisé par cette infinie pluie nocturne. Un soliloque donc et l'attitude du récepteur marque la différence : il n'est pas question de s'interroger sur des états d'âme, mais de comprendre un mouvement intérieur qui s'exerce dans le monde, sur un autre être, de suivre, non pas une situation anecdotique, mais une succession de rapports au monde, à l'Autre, angoissants.

Si comme le montre K. lui-même *Combat* est une tragédie de langage, si tout le conflit est dans ce rapport parlé bloqué, les quasi-monologues qui parcourent la pièce en sont comme la matérialisation. Une scène étonnante en est la figure : le Noir Alboury parle en sa langue, et pour être en "communion" Léone, la petite Française, parle "étranger" et récite un poème en allemand. Image du double fossé qui sépare ceux qui pourraient s'aimer : celui du sexe, mais comme il apparaît peu de chose à côté du fossé énorme qui sépare Blancs et Noirs ! Horn, le patron, parle non pas à Alboury, mais devant lui – un soliloque non pas un quasi-monologue, car il ne parle pas vraiment à son vis-à-vis –, et il expose son utopie, la ville géante, qui contiendrait toute l'humanité, et à côté une Afrique, vidée de ses habitants et "vide, généreuse, la mamelle de l'humanité". Un cauchemar qui nie tout contact possible. Deux quasi-monologues de la demande d'amour : celui de Léone à l'adresse d'Alboury : "O noir, couleur de tous les rêves[127]" ; il y a une réponse, elle est gestuelle : Alboury crache au visage de Léone. Après quoi, sans transition, c'est la demande d'amour de Horn à Léone, pathétique, faite d'ordres, de promesses, de gémissements sur soi. Le quasi-monologue obtient là aussi une réponse gestuelle d'une insolite brutalité : Léone casse la bouteille de whisky et reproduit sur son visage, avec le verre brisé, les blessures rituelles dont elle a vu les cicatrices sur le visage d'Alboury. Le sang coule, mais pas de mots. On voit comme ces quasi-monologues sont d'extraordinaires actes scéniques. Ici, c'est proprement la parole sans réponse qui est le ressort dramaturgique.

Pour finir deux demandes, dérisoires, elles aussi sans réponses : demande de Horn à Léone, surtout ne dites rien : "Ne faites pas de mal à l'Entreprise (...) Elle est tout pour moi, tout[128]." Et le contremaître Cal, le pauvre meurtrier, demande à la même Léone : "Ne m'oublie pas, ne m'oublie pas[129]." Dérisoires demandes. L'exemple de *Combat* éclaire le rôle essentiel du quasi-monologue : l'idée est que la forme de l'échange ou plutôt du non-échange porte la pensée principale de l'œuvre.

Dans *Quai Ouest*, la démonstration est encore plus forte du fait que le personnage qui accomplit les actions (les deux meurtres) est muet, et c'est à ce personnage que sont adressés les quasi-monologues. Il est l'Autre par essence, le récepteur de la demande ; il est le grand Ecouteur. Appel de Charles à Abad : ici, ce n'est pas une demande d'amour, c'est une demande d'argent, celui qu'Abad a mis de côté. L'acte scénique est finalement le don d'argent, muet : l'argent passe d'Abad à Charles, qui répond par un mot d'amour : "C'est pour cela que je t'aime, moricaud (…) N'oublie pas que je te l'ai dit[130]." Le quasi-monologue suivant est le grand discours de Cécile, appel à une sorte de communion muette : "Je veux respirer un peu, entre sauvages[131]." Suit le terrible discours d'adieu de Charles à Abad, rupture de la communication, déchirure du contrat : "(…) Je me barre avec la voiture, seul (…) Peut-être qu'on a été comme des frères, oui, mais peut-être aussi qu'il est temps qu'on se sépare (…) Tu es un esclave, et puis tu es trop con. Je ne veux plus te voir[132]." Quasi-monologue capital : le spectateur entend autre chose que la violence de l'injure, il entend une provocation, une provocation à la mort, dit Koltès. Restent trois demandes, deux de mort et une d'amour. Demande de mort de Koch qui n'ose pas mourir sans qu'on le pousse un peu : "Tuez-moi donc !", avec un bel argument social : "Je vous ai fait du mal sans le vouloir, je vous ai fait du mal, parce que je suis un homme du monde et vous non[133]." Demande de mort, pour autrui, pour Koch, certes, mais peut-être – et plus probablement – pour son fils Charles de la part de Rodolfe, ce "débris", discours de mort, discours du néant, avec ce qui n'est pas une demande explicite, mais une offre, celle de la kalachnikov. Demande de mort, et acte physique, le don de l'arme, qui produit l'acte scénique, celui du dénouement. Enfin puisqu'il faut bien un quasi-monologue de demande d'amour, c'est celui de la petite Claire à l'intention de son frère Charles, acte de langage double, à la fois demande et promesse : "Si je te disais, Charles, que je peux t'aimer comme jamais personne ne pourra t'aimer[134] ?"

Dans *Quai Ouest*, c'est l'ensemble de la progression dramatique qui est marquée par la succession des quasi-monologues ; comme si le tragique était précisément là, dans cette parole, destructrice parce qu'elle demeure sans écho et sans réponse autre que l'acte tragique qu'elle suscite.

La Solitude occupe une place à part : rien n'y peut formellement être qualifié de quasi-monologue ou de soliloque, et pourtant tout le texte est compris comme une succession d'échanges sans réponse, comme un dialogue pratiquant le dépassement de l'échange, comme si la parole de chacun était une parole d'attente.

Ce n'est pas le cas du *Retour au désert*, comme si K. de sa propre volonté, dans un texte fondé sur des expériences du réel – d'un réel historique –, s'éloignait de ces formes insolites de la parole. Non qu'il n'y ait des soliloques, mais ce sont des monologues de type conventionnel, trois au total, marqués chacun de la mention *(au public)*. Deux, celui d'Adrien et de Mathilde, terminent l'acte II et l'acte IV ; le troisième est une quasi-clôture, c'est le monologue d'Edouard qui s'envole dans les airs. Un seul quasi-monologue, c'est le soliloque d'Adrien devant sa sœur Mathilde qu'il croit endormie : une parole qui n'attend de fait aucune réponse, et qui ne contient pas non plus de demande, une simple objurgation négative : "Laisse-moi tranquille !" Comme si toute "demande" était devenue impossible dans la famille ; comme s'il n'y régnait plus que des rapports de force ou d'intérêt. Seule la tirade de "Maame" Queuleu[135] est proche du quasi-monologue ; elle ne s'adresse à personne en particulier, mais elle, la domestique, est la plus proche d'une parole d'amour possible, sous le couvert de l'injure.

Reste pour finir *Roberto Zucco*, la dernière, et là le quasi-monologue reprend, pour des raisons évidentes, sa place royale, la pièce du meurtre généralisé étant le lieu du grand thrène de l'amour de l'Autre. Pièce du détachement de l'échange économique, où ce qui subsiste, c'est l'effort désespéré du contact avec l'Autre, faute de quoi règne la Mort seule. Mort donnée, mort reçue ? Pièce des soliloques du désespoir : celui de la sœur de la Gamine, craignant qu'elle n'ait eu une aventure[136] ; monologue de désespoir de la Sœur (portant le titre parlant d'"Ophélie", p. 83-84). Quasi-monologue de la Gamine sur le vol de son pucelage par Zucco[137], parole dont la violente reprise inversée est à la fin[138] la déclaration d'amour de la Gamine à Zucco et son jeu de promesses désespérées. Enfin le quasi-monologue de Zucco occupe très exactement la place centrale de la pièce[139] (plainte du tueur en face d'un monde sans amour). Soliloque final de Zucco sur le toit de sa prison avant la chute finale (soliloque et non quasi-monologue, dans la mesure où il ne s'adresse à personne). Le tueur, pas plus que les autres, ne trouve l'amour, et il finit par le rechercher, mortellement hors du monde, dans le "soleil".

Le quasi-monologue est une forme clef du théâtre de K. Il est un mode de parole qui dit un rapport de projection vers un allocutaire présent, mais dont il est vain d'attendre une réponse. Alors on rêve, ce que montre le quasi-monologue, fondé sur un acte de langage de demande, en même temps que – futur ou conditionnel – le verbe dit l'incertitude et l'espérance, dans un rapport je-tu, décisif, obsessionnel.

Actes de langage. Pas de théâtre où se dise de façon plus claire, plus décisive, la pesée de la parole sur l'autre ; un fonctionnement violent, un appel suffocant. La parole des personnage de K. ne décrit pas, ne raconte pas (sauf exception), elle dit qu'elle veut, elle est parole d'un acte jussif ou négatif (d'ordre ou de défense), mais essentiellement actif sur l'autre. Si l'on regarde le texte de K. sous cet angle on voit comment il est perpétuellement construit en fonction de ce vouloir obsédant des personnages ; que l'acte de langage soit explicite : "Dites-moi la chose que vous désirez", demande le Dealer[140] ou qu'il soit implicite : "Je vous propose (…) l'infinie patience et l'injustice aveugle de l'ami[141]", ou le vouloir de "dire non" du Client. Parfois même le lecteur spectateur (ou l'artiste de la scène) reconstruit un vouloir obscur, que le texte ne dit que par métaphore, ainsi dans le même texte, le vouloir de mort du Client.

De là l'importance du verbe dans toute phrase de Koltès. Ce qu'il dit métaphoriquement, mais fort sérieusement quand, analysant le syntagme "aimer mal", il dit : faites attention, “l’adjectif finit par tuer le verbe (…) le mot qui est le principal, aimer, et l’adjectif étouffe l’amour par le spectacle de son expression”. De là la formule définitive, “jamais l’adjectif ne peut être plus fort que le verbe” qui à la fois édicte une règle stylistique, et renvoie à la demande d’amour[142].

La clarté des textes de K., malgré les tours et retours de l’écriture poétique[143], provient de la clarté des actes de langage : à chaque moment le spectateur est mis au fait du désir (positif ou négatif) du personnage. De ce fait, il perçoit les enjeux et le sens des conflits, même s’il n’en voit pas clairement – une obscurité voulue – les mobiles. L’acte théâtral est toujours clair, même si les replis psychologiques sont camouflés (des “conneries provisoires”, dit K. parlant des complications psychologiques… et de leurs expressions adjectives). Ainsi dans *Le Retour au désert*, on ne sait pas exactement ce que Mathilde veut de son frère : elle veut la maison, ou elle veut de l’argent, ou quoi d’autre ? Mais d’une certaine manière, elle lui veut quelque chose, elle le “veut” ; et finalement quand Adrien part avec elle, nous savons qu’elle a ce qu’elle voulait.

De là les répétitions qui marquent et ponctuent ces vouloirs obsédants. Et déjà dans *La Nuit juste avant les forêts*, le locuteur veut quelque chose de celui qu’il voit (et que nous ne voyons pas). Et il n’est pas possible de ne pas saisir que ce vouloir permanent dans les textes koltésiens a à voir avec ce qui peut être nommé, nous l’avons vu, une demande d’amour ; et nous retrouvons dans l’écriture ce qui est le thème majeur de l’œuvre. Tout le travail de l’écriture dramatique, c’est-à-dire l’écriture des actes de langage, consiste à mettre en œuvre ce thème central. De là le fait que l'acte de langage, qui serait une demande "économique", demande d'argent, de satisfactions matérielles, est toujours le camouflage d'une demande autre. Ce que l'on voit avec une grande force dans le cas de Zucco : l'acte de langage chez Zucco a un caractère répétitif, obsessionnel ; il demande des choses qu'il finit par obtenir, son treillis, les clefs de la voiture, mais visiblement ce n'est pas cela qu'il voulait, puisque tenir ce qu'il réclamait ne l'empêche pas de tuer. On voit comment le travail de l'écriture fait passer le souvenir personnel, origine de *La Solitude*, de la mendicité à la demande d'amour et de mort.

Un exemple curieux : celui de *Quai Ouest*, où dans l'une des dernières scènes, Charles demande à son père de le bénir : un acte de langage, la demande, pour un autre acte de langage, la bénédiction (qu'il n'obtient pas d'ailleurs). Une autre étrangeté : l'acte de langage-injure (une sous-malédiction de Charles à Abad) dont la réponse, différée, est un acte, un acte scénique, c'est la mort. Ces deux exemples montrent à quel point le théâtre de K. est tragédie de langage, comme Racine, où les mots ont valeur d'acte, où l'acte de langage n'est pas une formule linguistique, mais un acte. Et, contrairement à la plupart des auteurs dramatiques, il n'y a pas de réplique sans une adresse personnelle, pas de réplique où ne s'entende, explicite ou non, un acte de langage.

Les conditions d'énonciation. Mais ce langage, qui paraît replié sur soi, sur son propre fonctionnement, a en même temps pour mission de dire le monde. On ne parle pas sans les conditions qui disent le sens même de l'acte de parole et éclairent le monde. Une part du sens de la parole est inscrite dans ses conditions d'énonciation. Le théâtre de Koltès n'est pas une parole du moi solitaire, il est une parole du moi dans le monde. Nous avons vu l'imprécision (relative) de l'espace chez Koltès, mais en même temps cet espace est tel qu'il dit un état des choses dans lequel s'imprime la parole. Ainsi la parole de *La Nuit juste avant les forêts* est une parole de la rue, une parole telle qu'elle ne peut ni s'appuyer sur un contexte social clair, celui d'un groupe, ni se trouver confirmée ou infirmée par la parole d'un autre, elle est parole en l'air étayée sur la seule situation d'un moi en perdition. Si le Dealer de *La Solitude* revient sans cesse sur la localisation, c'est qu'elle signifie une situation de faiblesse du Client, une position de parole aventurée, et quelque part imprudente. Mais la localisation n'est pas seule en cause. Dans *La Solitude*, c'est "le lieu et l'heure", dans *Quai Ouest*, c'est l'ensemble de la situation de déréliction, ce lieu qui n'est plus aucun lieu pour des gens qui ne sont plus personne, qui n'ont plus d'existence sociale. Et dans *Roberto Zucco*, on peut repérer tout un jeu des conditions d'énonciation, qui rend la position de parole de chacun des personnages, et plus particulièrement du héros, pratiquement intolérable. Zucco passe de lieu en lieu, mais ne rencontre aucun lieu qui lui permette de trouver son Autre, aucun rapport humain tel qu'il permette à une parole solide de s'installer. A chaque moment de chaque scène chez K., nous sommes amenés à nous poser la question clef de la position d'énonciation, et plus généralement des conditions qui permettent l'apparition d'une parole. Chaque fois, le personnage parle malgré des conditions qui devraient l'empêcher de parler : témoin le parleur de *La Nuit juste avant les forêts*, quand toutes les conditions sont réunies pour ne pas lui permettre de "s'exprimer" (il le dit d'ailleurs, à plusieurs reprises). Le problème des conditions d'énonciation dans le théâtre de K. est donc le lieu d'un paradoxe : le personnage devrait ne pas pouvoir parler ; il parle malgré tout. C'est ce qui donne à la parole son statut de violence contenue, et d'une certaine manière son pouvoir : elle devient par sa position parole tragique, mais, en même temps, elle indique par son existence même la force de résistance du personnage. Le théâtre de K. peut ainsi dépasser le désespoir tragique : la force de la parole est là, d'autant plus présente qu'elle devrait ne pas avoir pu jaillir.

Le jeu des pronoms personnels

Ce que dit aussi le jeu des pronoms. Une loi dans tout ce théâtre : il n'y a aucun discours de l'objectivité (sauf peut-être celui du Dealer dans *La Solitude*). Personne ne tient le discours épique, celui d'une collectivité qui se repose sur son histoire ; il s'agit toujours d'un *je* qui s'adresse à un *tu* (ou à un *vous*). Un exemple : quand dans *Roberto Zucco*, la pute raconte le meurtre de l'inspecteur ; cas typique d'un "récit épique", destiné à tous – elle s'adresse à la patronne, et le *je/tu* s'installe, dès l'ouverture : "Madame, Madame, des forces diaboliques viennent de traverser le Petit-Chicago…" Et la clôture du discours retourne à l'énonciation personnelle : "C'est le diable que vous aviez sous votre toit, Madame." Et pour qu'on n'oublie pas l'interlocuteur en cours de route, il y a encore : "Madame, vous avez abrité le démon dans votre maison." (Avec dans tous les cas la même idée, celle du démon à qui Madame a donné asile.) Quand au *je* de l'énonciateur, il est aussi présent, mais sous la forme atténuée du *on* et du *nous* : "On en a beaucoup parlé, entre dames (...). On l'observe bien, nous les dames." Comme si le statut quasi impersonnel de la pute – unité dans les collectifs "les dames", "les putes" – interdisait à la locutrice de dire *je*[144].

Un très bel exemple de ce fonctionnement, c'est le dialogue de Zucco et du Monsieur sur le quai du métro : ils ne devraient pas se parler, c'est un cas typique de conditions d'énonciation impossibles. Ils se parlent pourtant, et le discours de chacun est une formidable expansion de son *je*. Mais l'autre est fortement présent, surtout dans la parole du Monsieur : "Mais vous, jeune homme[145]..." "Vous bégayez. (...) Aidez-moi[146] (...)" Quant au *je* prolixe de Roberto Zucco, il construit pour l'autre, juste nommé, "M'auriez-vous remarqué[147] (...)", un moi imaginaire, fabriqué exprès pour ce passant.

Partout le jeu des pronoms : dans *La Solitude*, le Dealer se sert de formules générales : il dit rarement *je*, encore plus rarement *nous*, et très tard. Inversement le Client dit *je* sans cesse et même assez souvent il accepte le *nous*, le pronom qui dit une communion, une connivence, quelque part une identité.

On pourrait multiplier les exemples, et la preuve serait donnée sans effort de ce fonctionnement du discours dans le théâtre de K.

Demande d'amour, il est avant tout demande de communication, il est volonté d'échange, quelles que soient les circonstances. Dans un certain nombre de textes, le jeu est plus complexe et au *je/tu* se superpose un jeu plus riche de *nous/vous*, à quoi se joignent des troisièmes personnes. C'est un jeu récurrent particulièrement dans *La Nuit juste avant les forêts*. Un seul exemple inverse, très étrange, mais porteur de sens, c'est le discours objectif, le seul discours objectif peut-être dans le théâtre de K., les paroles finales de Charles dans *Quai Ouest*, discours sur la mort, discours du moi-Charles comme déjà mort, et comme si le locuteur mort ne pouvait plus dire *je* : "Quand on est mort, l'âme s'envole et se retrouve devant le bon Dieu qui juge et décide qui va au ciel et qui va en enfer[148] (...)."

Le langage de l'auteur. M. Le Roux dit que chaque personnage de K. a son langage propre. Affirmation discutable : s'il y a des formules ou des tics de style propres à tel personnage, il sera plus juste de dire que tous les personnages parlent Koltès, comme tous les personnages de Racine ou de Shakespeare parlent Racine ou Shakespeare.

Quelle est la "langue" de Koltès ? Qu'elle ait été construite délibérément par une volonté d'écrivain obstinée, sans faille, c'est ce qui paraît évident. Il était un grand travailleur du style, de l'écriture, travaillant par l'effacement. Ce qu'il ne cesse de répéter : "J'ai écrit en effaçant sans cesse. Je suis persuadé que là est notre seul travail, savoir supprimer. Trois personnes sur dix savent bien écrire, c'est la grammaire, cela n'a aucun intérêt. Nous, notre vrai boulot, c'est de savoir enlever les mauvaises choses. Quand le matin, je parviens à gommer ce que j'ai écrit comme un cochon la veille, je me dis que ma réussite – si réussite il y a – est dans cet instinct-là[149]." Aveu surprenant, si l'on en juge par le travail délibéré des répétitions, mais l'"écriture comme un cochon", c'est tout ce qui peut éloigner de la limpidité absolue du langage, toute "particularisation".

Un aveu essentiel, le rapport à la musique : "J'écris des langages comme de la musique, c'est-à-dire d'une manière abstraite à partir d'émotions concrètes. Très loin de la reproduction de langage parlé[150]." On croirait entendre Claudel, juxtaposant "un atome clair et un atome sombre" selon la loi de l'iambe français, un temps faible / un temps fort.

Or l'écriture de K. est, de sa propre volonté, prise entre deux exigences antithétiques : d'une part, l'écriture du poète dont le modèle est probablement le verset ou "vers" claudélien ; de l'autre, l'écriture la plus unie, la plus accessible à tous, "populaire" pourrait-on dire – mais sans aucun trait de particularisme "peuple". Il proteste comiquement : "On me classe toujours dans la catégorie des auteurs-pour-théâtre-subventionné, donc pour gens intelligents, cultivés, alors que c'est vraiment la dernière chose que j'aie envie de faire[151]." Tout le travail de l'écriture est d'unir la simplicité directe et la beauté littéraire : le miracle est qu'il y parvient.

Peut-être cette réussite tient-elle à un travail de mise à distance aidé par les voyages : "On entretient un rapport avec le langage dans un pays étranger, qui est étonnant. J'écris différemment à New York qu'à Paris. On prend une espèce de plaisir parce qu'on est très seul. C'est une langue (la sienne) qu'on ne parle pas un ou deux mois. L'écrire à côté c'est étrange. On a l'impression de retrouver sa langue. De la retrouver autrement. Les clichés s'effacent[152]."

"Effacer les clichés." On retrouve ici, dans ce travail d'"étrangeté", la thématique de l'Autre. Tout se passe comme s'il y avait à l'intérieur de la langue de K. deux langues, celle de sa culture – une langue très fortement imprégnée de la culture française, de la littérature des classiques, Racine et Rimbaud, et Hugo, et Claudel –, et une langue "autre", celle des gens dont le français n'est pas la langue maternelle. Chéreau : "S'il y a des références à chercher, c'est du côté (…) d'une tradition pratiquement ignorée en France, celle du mélange d'un usage très pur de la langue et d'une sorte de parler métèque. C'est une écriture qui se rapproche un peu de la façon dont certains Noirs américains parlent l'anglais ou certains Haïtiens le français, c'est ce mélange qui est très complexe, délicat à trouver et à rendre[153]." Hervé Guibert (à propos de *Combat*) : "La poésie est dans le camp des Noirs. KOLTÈS. – J'ai dû subir un phénomène d'osmose à force de fréquenter, d'entendre parler les Blacks. Je trouve très belle la langue quand elle est maniée par des étrangers. Du coup ça modifie complètement la mentalité et les raisonnements. Alboury, le Noir, est le seul qui se sert des mots dans leur valeur sémantique : parce qu'il parle une langue étrangère, pour lui un chat est un chat. Les autres s'en servent comme tout homme français se sert de sa langue paternelle, comme d'un véhicule conventionnel qui trimballe des choses qui ne le sont pas[154]." Dans *Combat*, la parole de Léone est aussi une parole non conventionnelle : "Mi-française, mi-allemande, elle a un avantage sur les deux autres Européens : c'est une bâtarde du langage, une métisse[155]." "Alboury et Léone se trouvent du même côté de la barrière à cause de leur manière de parler[156]." Le concret de la parole, donc et éviter tout ce qui est cliché de la mode et du moment, toutes formules allusives à ce qui est l'actuel des rapports parlés dans telle ou telle société, dans tel ou tel groupe humain, dans tel clan. Le résultat en est une parole claire, mais aussi inusable, indémodable.

Exceptions, limitées : l'un des rares moments satiriques, le discours de Marie, le fantôme, parfaitement correct et clair mais copie jusqu'à l'excès du vocabulaire et des formules de la bonne bourgeoisie de province[157]. Un curieux tic qu'utilisent Monique dans *Quai Ouest* et aussi la Dame dans *Roberto Zucco* : un "très bien, bravo", ironique, curieuse formule de femme bien élevée.

Vocabulaires. On pourrait dire que le vocabulaire de K. est pauvre, et d'une certaine manière il l'est. Il élimine tout mot "difficile", tout vocabulaire "spécialisé", et même toute "poésie" dans le choix des mots. Quant au vocabulaire "grossier", que l'on trouve dans certains textes, comme *La Nuit juste avant les forêts* ou *Quai Ouest*, il est comme aseptisé, annulé par le contexte de formules dont la banalité est extrême : "les cons d'ici" opposés aux "cons de là-bas" ; et dans le langage de Charles et de Rodolfe, "moricaud, négro, ta putain de gueule, t'es trop con". Encore le langage de Charles est-il sans doute le seul dont on puisse dire qu'il est vraiment "grossier". Charles est aussi le seul à parler un français "incorrect". Et il est très remarquable qu'un écrivain, dont les "entretiens" sont parlés dans une langue souvent négligée, refuse dans ses textes dialogués d'utiliser des mots comme "ça" ou des formules elliptiques comme "t'es". Il n'y a là rien du langage verbal, ou plus exactement le langage est verbal parce qu'il est musical (nous le verrons), non pas parce qu'il utilise vocabulaire ou négligences du langage parlé ordinaire. Très remarquable le langage raffiné des personnages du bordel dans *Roberto Zucco.* Cette transparence pourrait apparaître invraisemblable, il n'en est rien, dans la mesure où justement aucun mot n'est prononcé qui pourrait paraître étrange dans telle bouche. C'est le caractère quotidien et non marqué du vocabulaire qui en assure la vraisemblance ou, pour mieux dire, la vérité.

On peut aussi relever dans le langage de K. des isotopies qui le caractérisent. Peut-être pourrait-on repérer l'isotopie de la violence, mais de manière plus intéressante, celles du mouvement (de la marche, du départ, de la fuite), et la curieuse obsession de la présence des animaux. Ainsi dans *La Solitude*, la reprise du syntagme "les hommes et les animaux" : "cette heure qui est celle des rapports sauvages entre les hommes et les animaux[158]" ; "au milieu des hommes et des animaux, insatisfaits d'être hommes et insatisfaits d'être animaux[159]" ; et pour finir (dernière page – et cette fois c'est le Client qui parle) : "comme deux Indiens au coin du feu qui échangent leur sang au milieu des animaux sauvages[160]", "un bestiaire toujours évoqué sur le même plan que le genre humain[161]". L'un et l'autre se comparent à un "chien", et le Dealer, indirectement, à un "cheval[162]". L'animalité est présente comme menace ou “déchets”. Dans *Le Retour au désert*, l’animal fétiche est le “singe”. Mathilde à Plantières : “Vous verrez (…) un singe qui singe vos grimaces[163]”, et Adrien : “Mathilde me dit que je ne suis pas tout à fait un homme, que je suis un singe[164] (…).” Tout se passe comme si l’isotopie animale impliquait une comparaison implicite, voire une assimilation entre la société humaine et la jungle. On voit ici comment le vocabulaire recèle déjà un fonctionnement rhétorique, c’est-à-dire poétique. Impossible d’analyser le langage de K. sans y rencontrer le poétique.

Isotopie du temps. Autant que l’espace et le mouvement, c’est la formulation du temps qui est récurrente et en particulier le thème de la nuit. Nuit dans le grand soliloque de *La Nuit juste avant les forêts*, nuit dans *La Solitude* ; nuits successives de *Quai Ouest*, et, dans *Le Retour au désert*, insistance sur la thématique de la nuit. Nuit des fantômes : “Ce quelqu’un a disparu dès qu’est apparue dans le ciel une lueur, une toute petite lueur[165]” ; “ces rencontres dans le jardin la nuit juste avant les forêts[166]”, et arrive le “grand parachutiste noir[167]”, c’est “la nuit”. La nuit encore quand Mathilde dit “cette heure de la nuit est effrayante[168]”. “Le soir est un menteur”, crie Mathilde. La nuit, le café Saïfi explose et on ramène les blessés “à la lueur des phares”. On pourrait étendre l’inventaire aux autres textes, partout, la nuit domine… Au-delà, ce sont tous les titres qui sont porteurs d’une sorte de “nuit” : *nuit*, *combat*, *désert*, *solitude* et pour finir le nom d’un tueur.

Une écriture de la généralisation. Le discours chez K. est un discours personnel, nous l’avons vu, un discours du *je-tu*, ce qui ne l’empêche pas d'être aussi un discours de la généralisation. Comme si le moi se confortait dans une "sagesse des nations". Aphorismes, raccourcis, ellipses et sentences, tout un travail de la condensation et de la généralisation. Le discours du Dealer dans *La Solitude* est un discours de la vérité générale et il y pleut des sentences dès le début : "Puisqu'il n'y a pas de vraie injustice sur cette terre autre que l'injustice de la terre elle-même[169] (...)" Citons, entre beaucoup, telle formule : "Puisqu'il n'y a pas de justice entre qui ne se connaît pas, et il n'y a pas d'amitié entre qui se connaît, pas plus qu'il n'y a de pont sans ravin[170]." Et à la fin face à face : "LE DEALER. – Il n'y a pas de règle ; il n'y a que des moyens, il n'y a que des armes. (...) LE CLIENT. – (...) Il n'y a pas d'amour, il n'y a pas d'amour[171]." A la fin le Client est sorti de son discours personnel pour accéder lui aussi à la sentence.

Exemples extrêmes, mais tout le style de K. est fait de formules concentrées – parfois de maximes, non dénuées de pittoresque, ponctuées de puissantes images : "La femme, c'est la ceinture du pantalon de l'homme ; si elle le lâche, le voici complètement à poil[172]." Et tout à coup apparaît un proverbe, comme dans *Combat* quand Horn encourage Cal au meurtre : "Il vaut mieux exterminer le renard que de faire des sermons à la poule[173]." Formules "culturelles" comme dans *Tabataba*, la sentence de Maïmouna : "Une sœur dont le frère n'est pas un homme n'est pas une femme[174]", ou celle de Petit Abou : "Les garçons peuvent faire ces choses-là, mais les filles n'ont pas le droit d'en parler[175]."

Comme si toute la vie humaine, toute la parole étaient déjà, au départ, faites de fatalités qui s'imposent, qu'on les reçoive toutes faites, ou qu'on les construise pour expliquer justement le fatal.

Syntaxe : Le plus surprenant sans doute dans l'écriture de K., c'est le travail de la syntaxe : une syntaxe qui réussit le paradoxe d'être à la fois légère et périodique ; légère par la présence de petites propositions courtes et simples, périodique (oratoire, pourrait-on dire) par la longueur des phrases, le jeu des répétitions et tout le travail de la juxtaposition des subordonnées. Toute *La Nuit juste avant les forêts*, on l'a vu, n'est qu'une seule phrase, et s'y retrouvent toutes les possibilités de syntaxe périodique, quasi oratoire.

Un exemple dans le texte peut-être le plus écrit, *La Solitude* – mais nous aurions pu prendre d'autres exemples partout et surtout dans *Le Retour au désert* –, où le travail textuel équilibre la vulgarité des situations :

"Car la vraie seule cruauté de cette heure du crépuscule où nous nous tenons tous les deux n'est pas qu'un homme blesse l'autre, ou le mutile, ou le torture, ou lui arrache les membres et la tête, ou même le fasse pleurer ; la seule vraie et terrible cruauté est celle de l'homme ou de l'animal qui rend l'homme ou l'animal inachevé, qui l'interrompt comme des points de suspension au milieu d'une phrase, qui se détourne de lui après l'avoir regardé, qui fait, de l'animal ou de l'homme, une erreur du regard, une erreur du jugement, une erreur, comme une lettre qu'on a commencée et qu'on froisse brutalement juste après avoir écrit la date[176]."

Inutile de faire remarquer la récurrence du rapport homme / animal, avec l'inversion de l'ordre, qui efface toute hiérarchie, mais aussi rend l'homme à son animalité physique première. Une série de répétitions donc et celle-là n'est pas la seule : répétition du mot cruauté et plus encore du mot erreur. Propositions courtes : "un homme blesse l'autre – une lettre qu'on a commencée" ; mais aussi propositions curieusement étirées par la comparaison : "(...) qui l'interrompt comme des points de suspension au milieu d'une phrase" ; "(...) et qu'on froisse brutalement juste après avoir écrit la date".

Une seule grande phrase en deux parties, la première négative, la seconde affirmative, sans coordination, structurée par l'opposition logique. Nous sommes très loin d'un langage parlé, c'est une construction intellectuelle solide, en deux volets.

Le plus frappant dans cette syntaxe est la multiplication des subordonnées parallèles, ici coordonnées entre elles par ou, mais aussi dans la seconde partie de la phrase, juxtaposées sans nul lien : "qui l'interrompt..., qui se détourne..., qui fait"... Dans l'un et l'autre cas, ces subordonnées parallèles produisent l'effet d'une accumulation angoissée d'exemples, ou du développement obsédant de la même idée. Dans l'un et l'autre cas, c'est la syntaxe, plus que le vocabulaire, qui porte ici le "perlocutoire", c'est-à-dire l'effet affectif sur le spectateur. K. rappelle que son écriture est d'abord musique : ici c'est la syntaxe qui porte le rythme, et le "sentiment".

POÉTIQUE

Pas de grand auteur dramatique capable de dépasser une première vague de spectateurs s'il n'est aussi un poète. Du poétique K. a besoin plus qu'un autre peut-être, vu sa défiance envers les sentiments éternels, ces "conneries provisoires" ; il faut alors le travail poétique sur la langue : c'est lui qui dira la richesse des rapports humains en deçà et au-delà de toutes étiquettes, les rapports des hommes entre eux et au temps, à la mort ; la polysémie du langage poétique dira cette polysémie psychique – et laissera aux artistes cet espace où se dira leur poétique à eux, celle des signes de la scène.

Il devient clair que la force de l'écriture de K. tient moins à sa force dramatique qu'à sa puissance poétique – ou plus exactement les deux ne font qu'un : il écrit, nous l'avons vu, "des langages comme de la musique, c'est-à-dire d'une manière abstraite, à partir d'émotions concrètes". Il faut, dit-il, "s'appuyer sur le système musical qui existe à l'intérieur du langage parlé[177]". C'est ce que nous voyons dans l'exemple précédent, où après des segments de durée voisine (difficile à mesurer exactement, vu l'affaiblissement contemporain du *e* muet) : "une erreur du regard, une erreur du jugement" –, arrive une série de petits segments de longueur croissante : "comme une lettre – qu'on a commencée – et qu'on froisse brutalement – juste après avoir écrit la date". Mais vu l'absence de ponctuation ici, il n'est pas impossible de scander autrement en se servant des accents secondaires : "et qu'on froisse – brutalement – juste après – avoir écrit la date", où les segments courts (3-3-3-6) impliquent une sorte d'hésitation angoissée du locuteur ; on voit comment la musicalité n'est pas brutalement directive, comment elle implique le travail et le choix du comédien.

Parfois K. joue avec la régularité de segments courts, ainsi dans *Tabataba*, texte d'une extraordinaire densité poétique : "Il est là – dans la cour – avec les chiens – et les vieilles – et les poules – avec un vieux chiffon – dégueulasse – à la main" – où s'entend, à peine rompu, un rythme dominant de 3-3…

Importance du verbe pour lui comme pour la plupart des poètes de la scène, le verbe contre l'adjectif : "Jamais l'adjectif, dit-il, ne peut être plus fort que le verbe." Le verbe, c'est-à-dire l'acte de parole dirigé vers un autre, comme on sait.

Quant au travail de la syntaxe énumérative, on le voit impliquer souvent comme un système de rimes produit par exemple par les fins de verbes, "Je l'ai tant lavée cette petite… baignée… baignée… brossée… lavée… gardée… lissée… protégée… gardée[178]", où le jeu des répétitions joint à la finale des verbes construit une sorte d'incantation. On trouve le même jeu, quasi identique dans *Tabataba* (p. 101), et aussi dans *Roberto Zucco*, où l'on repère aussi un extraordinaire travail des consonnes[179].

Figures. Koltès lui-même mettait la métaphore au centre de son travail d'écrivain. La métaphore dont Rimbaud lui avait révélé la nature et la force – Rimbaud, mais aussi *Les Misérables*, où, lieux et personnages, tout est métaphore du monde.

Peut-être le mot de métaphore est-il quelque peu restrictif. C'est l'ensemble de la rhétorique qui est l'assise de sa poétique.

Et d'abord la comparaison. Si nous regardons à nouveau le texte de *La Solitude*, deux comparaisons s'imposent : "comme des points de suspension au milieu d'une phrase" et "comme une lettre qu'on a commencée". Or les deux comparaisons portent sur l'écriture comme si ce dont il était question souterrainement n'était ni le désir ni l'interdit, mais cet autre désir, cette autre transgression qu'est l'écriture. Ainsi le jeu des comparaisons et des métaphores met-il au jour des motivations plus secrètes ; dans *Tabataba*, la femme pleure : "Un amoureux, c'est comme le soleil, plus il chauffe, plus il fait le désert autour de vous. Je ne veux pas être comme une petite plante grasse toute seule au milieu d'un désert de cailloux[180]." Ici, la double comparaison éclaire la peur de la jeune femme : vivre une existence sociale (celle de la vie conjugale) qui est pour elle un "désert", le lieu même du manque d'amour, quand l'amour est ici, dans "la vieille cour" avec "les vieux et les chèvres" – et la présence fraternelle ; richesse de la comparaison de la "petite plante grasse" : fixée au sol, n'ayant plus pour destin que de grossir, sur place, avant de se flétrir.

Tout le travail de la métaphore chez K. consiste à inventer ces figures où s'investissent l'imaginaire et le parler populaires ; chacun de nous en a l'expérience, a entendu ces trouvailles. Mais le travail de K. est d'inventer ou de recueillir ce qui ne paraît être que le fruit du spontané jaillissant, ou les métaphores que les gens retrouvent dans leur vieux fonds culturel. On ne s'étonnera pas de voir K. ne pas négliger d'insérer dans son texte la poésie authentique du tueur Succo : "Nous devons tous mourir, tous ; et ça fait rire les oiseaux[181]..."

Ce qu'on voit ici – et c'est capital –, c'est que la caractérisation individuelle des personnages, ce ton personnel que voulait K., ce n'est ni le vocabulaire, ni la syntaxe qui le procurent, aussi transparents et classiques que le devoir d'un bon élève, mais c'est la rhétorique, c'est-à-dire la richesse des images, images qui correspondent à la fois à une sensibilité "personnelle", et, nous l'avons vu, à une culture : c'est par ce biais que les personnages peuvent "parler Koltès" et en même temps dire tout de leur monde et de leur rapport individuel à ce monde. C'est par les métaphores (aussi bien sous la forme de comparaisons) que les humains communiquent. Dans *La Solitude* : "Seule la circulation des métaphores témoigne d'une écoute mutuelle[182]."

Ainsi "l'imaginaire" de Zucco n'est-il pas dans son style, mais dans l'hypotypose de l'Afrique (l'hypotypose est cette figure qui isole un tableau promis à la seule imagination du spectateur) : "Je connais des coins en Afrique, des montagnes tellement hautes qu'il y neige tout le temps. Personne ne sait qu'il neige en Afrique. Moi, c'est ce que je préfère au monde : la neige en Afrique, qui tombe sur des lacs gelés[183]." Oxymore Afrique / neige : construction poétique de l'impossible pour l'homme qui s'est mis en dehors de toute vie, dans l'ombre de la mort ; l'ailleurs impossible, ce dehors dont la beauté signifie aussi la mort. Avec cette restriction que de la mort il ne peut y avoir de métaphore.

Un exemple[184] : "LA GAMINE. – Je t'ai cherché, Roberto, je t'ai cherché, je t'ai trahi, j'ai pleuré, au point que je suis devenue une toute petite île au milieu de la mer et les dernières vagues sont en train de me noyer. J'ai souffert, tellement, que ma souffrance pourrait remplir les gouffres de la terre et déborder des volcans. Je veux rester avec toi, Roberto ; je veux surveiller chaque battement de ton cœur, chaque souffle de ta poitrine ; l'oreille collée contre toi j'entendrai le bruit des rouages de ton corps, je surveillerai ton corps comme un mécanicien surveille sa machine. Je garderai tous tes secrets, je serai ta valise à secrets ; je serai le sac où tu rangeras tes mystères. Je veillerai sur tes armes, je les protégerai de la rouille. Tu seras mon agent et mon secret et moi, dans tes voyages, je serai ton bagage, ton porteur et ton amour."

La caractéristique de la grande réplique de la Gamine est d'être un chant d'amour, à proprement parler un poème.

Un poème lyrique d'abord, une expansion du je, où toutes les phrases, à l'exception de l'avant-dernière, ont pour sujet *je* ou un développement du *je* ("ma souffrance"). Une autre exception : "les dernières vagues", mais le *je* apparaît alors comme l'objet souffrant : la phrase continue à mettre en avant la subjectivité. Toute la réplique est le chant du moi aimant et souffrant ; à noter qu'au passage le *je* se dit aussi *je* trompeur et traître, et l'insertion de la trahison se fait entre deux affirmations de la souffrance amoureuse : "chercher, pleurer". Le moi amoureux se chante sans obtenir de réponse : de là la poursuite du chant.

Le chant se module à grand renfort de figures, d'excès rhétorique : le moi est devenu "une toute petite île" menacée de noyade, par les flots (des larmes ?) ; et l'expansion de la souffrance du moi fait exploser les volcans (ce qui suppose par parenthèse une curieuse connaissance chez cette adolescente du rapport des volcans avec les "gouffres de la terre"). Nous remarquons dans l'une et l'autre métaphore une isotopie géographique et cosmique qui engage le moi dans une aventure universelle, la dilatation ou la diminution du moi ayant une portée "mondiale" : "une île, un volcan"... Mais aussi peut-être reprise du rêve impossible proposé par Zucco : "la neige en Afrique, qui tombe sur des lacs gelés". A noter les isotopies des éléments : l'eau et le feu, isotopies universalisantes, dont le sens est le même. Isotopies non dépourvues de signification symbolique : l'eau du désir, la flamme de la passion – symboles eux aussi universels. Suit la longue métaphore du corps-machine et des gestes d'appropriation : "l'oreille collée contre toi", métaphore qui fait de l'Autre un objet à posséder, mais un objet à la fois dangereux et fragile. Pour finir c'est la métaphore du moi devenu lui aussi objet, "valise, sac, bagage", à enlever, à emmener : autre métaphore de la proximité amoureuse. Là encore cette transformation des amants en objets l'un pour l'autre dit, tout autant que la pluie des futurs, l'absence de confiance dans la relation amoureuse, comme si, faute d'échange, on ne saisissait l'autre que dans une relation objectale. A noter que, dans ce chant du désir et de l'amour, la sexualité est absente ou paraît l'être, comme si la relation était de surveillance "maternelle" ou de camaraderie et la masculinité de tous les noms de la dernière phrase n'apparaît pas un hasard.

Il faudrait étudier tout le travail de la récurrence et de la répétition, répétition des formes verbales, passé ("je t'ai..."), infinitifs, et surtout pluie des futurs qui produisent une série monotone de rimes en -rai. Récurrence des mots à initiale *s*, tous porteur de sens : "surveiller, souffle, sac, secrets". Récurrence du verbe "surveiller" repris par le verbe "veiller".

Le système phonique est d'une extrême richesse, non seulement du fait de ces récurrences, mais des rimes : "tellement" repris par "volcans" et "battement" ; "souffle" est un écho à "souffert", "rouages" sera rappelé par "voyages" et "bagage". Trouvailles plus subtiles : les noms de deux syllabes dans la dernière phrase, le dernier étant le mot "amour".

Le rythme des phrases est, à l'intérieur, un jeu subtil d'impair et de pair ; avec toute une succession de travail de l'impair (sept syllabes), qui ouvre sur une question ou une projection : "je surveillerai ton corps (...) Je veillerai sur tes armes", et l'espérance amoureuse, en octosyllabes : "chaque battement de ton cœur, chaque souffle de ta poitrine, (le sac) où tu rangeras tes mystères". Et curieusement dans la dernière phrase, l'espérance amoureuse (paire, six syllabes) : "je serai ton bagage", s'exténue tout à coup et termine brutalement sur un rythme impair : "ton porteur et ton amour".

Retour au mythe. Avant le mythe, il y a le symbole qui est une métaphore comprise de tous et qui fait partie du trésor commun : symboles, le cygne ou l'eau pure. Mais K. ne travaille pas dans la reprise d'images connues de tous et devenues transparentes, il travaille, nous l'avons vu, dans l'invention des images. Et certaines de ces images inventées deviennent de petits mythes ; qu'est-ce qu'un mythe sinon un récit chargé d'expliquer une énigme de la vie humaine ? Le mythe de la Brute et de la Demoiselle[185] a pour tâche d'expliquer dans la société humaine le (relatif) équilibre de la violence. Un petit mythe, sinistre, celui dans *Quai Ouest* du "bon Dieu qui juge et décide qui va au ciel et qui va enfer. Il demande une moyenne annuelle de ce qu'on a gagné (...) Tous ceux dont il est prouvé que le salaire dépasse une certaine somme vont au ciel, et les autres en enfer (...) Au ciel, il y a des villas riches gardées par des dobermans avec des pelouses et des courts de tennis ; on sert des drinks avant les repas et même les anges, qui sont les serviteurs, sont chaussés avec des Weston. En enfer, on habite dans des carrosseries vides de vieilles voitures[186]." Incroyable mise à plat des rêves matériels, des rêves spirituels et de leur conjonction délétère. Dans *Combat*, face à face le mythe de la fraternité d'Alboury[187] et le cauchemar de Horn, l'univers humain comme une ville géante[188] – curieux retour du mythe de la tour de Babel. Les mythes bibliques ne sont jamais loin. Il est remarquable que toute la fable de *Combat* implique une réalité dont le sens mythique est clair, la société humaine repose sur deux piliers : la prohibition de l'inceste et le devoir absolu de sépulture. Cal, en refusant de restituer le corps de sa victime, s'inscrit mythiquement hors de l'espèce humaine.

N'oublions pas le plus beau, le mythe culturel d'Adrien dans *Le Retour au désert* :

"Quand Bouddha rendait visite aux singes, il s'asseyait au milieu d'eux et il leur disait : Singes conduisez-vous comme il faut, conduisez-vous en humains et non pas en singes, et alors, un matin, vous vous réveillerez humains. Alors les singes, naïfs, se conduisaient en humains : ils essayaient de se conduire comme ils croyaient qu'il faut qu'un humain se conduise. Mais les singes sont trop bons et trop bêtes. Alors, tous les soirs, ils espèrent, ils se couchent avec le doux et tranquille sourire de l'espoir. Et tous les matins, ils pleurent[189]." C'est la suite et le prolongement du mythe de Bouddha, qui fut le prince Siddhârta, enfermé par son père dans le plus beau des jardins pour lui éviter le spectacle des horreurs de la vie ; et Adrien a tenté aussi d'isoler du mal son fils Mathieu : "Quand mon fils est né, j'ai élevé de grands murs tout autour de la maison. Je ne voulais pas que ce fils de singe voie la forêt et les insectes et les animaux sauvages et les pièges et les chasseurs (...) Mon babouin à moi du moins je l'aurai protégé." Mythes de la vie humaine, sombres, et dénués d'espérance, mais non pas d'amitié et de tendresse : mythes qui ne sont pas renvoyés au passé, mais trouvent leur place dans le présent. Peut-on s'inscrire encore dans le mythe ? Adrien : "Je suis un singe agressif et brutal et je ne crois pas aux contes de Bouddha. Je ne veux pas espérer le soir, car je ne veux pas pleurer le matin[190]."

La poétique chez Koltès réside pour une grande part dans la construction de ces mythes (explication, consolation), qui s'évanouissent et ressuscitent, dans "le soleil", comme le mythe de Mithra, dans *Roberto Zucco.* Le dernier mot reste tout de même au mythe. Et à la limite chacune des pièces est comme une sorte de totalisation des thèmes – sous la forme de mythes, mythes où se disent l'échange généralisé, la fraternité, l'universelle violence...

Le sentiment du spectateur. De là trois effets combinés dans ce théâtre : la "terreur et la pitié" comme le veut Aristote pour la tragédie, à quoi se joint le comique. Mais ces trois effets adoptent des formes particulières : la "terreur", c'est ici l'angoisse, angoisse liée non seulement à l'effroi devant l'humaine condition, mais au sentiment du fatal, de cette inscription des êtres dans une condamnation qui ne vient pas d'eux – Koltès lecteur de Pascal –, une vue du monde qui frappait Chéreau : "Cette vision irrémédiable qu'il avait, cette façon de séparer le monde entre ceux qui sont condamnés de toute éternité, fatalement, et les autres[191]."

La "pitié" aristotélicienne, c'est chez K. la "compassion", ce "sentir, souffrir avec un autre" qu'il trouvait chez Hugo, dans ces *Misérables* qu'il aimait – un sentiment qui renvoie le spectateur non tant à l'"identification", qu'à la fraternité, y compris avec les criminels et les méchants, à ce rapport que nous avons tous devant ce qui est l'une des clefs de la sensibilité humaine, la demande d'amour.

Enfin cette forme particulière de comique, populaire et romantique, et qu'on nomme le grotesque : le rire lié à la mort. Koltès, comme Claudel, s'étonnait qu'on ne voie pas tout de suite le comique dans son théâtre. Mais c'est que son rire se pare de couleurs funèbres ; ainsi le discours empreint d'un comique ineffable où le fantôme de Marie étale des préjugés petits-bourgeois qui paraissent avoir survécu à sa mort violente ; ou le dialogue subtilement drôle des inspecteurs qui arrêtent Zucco. A quoi s'ajoute un effet que l'on ne retrouve que chez Beckett, et à un degré moindre, chez Genet, et qui est le doute, la perpétuelle interrogation, ce doute éveillé par l'impossible, par le jeu avec le fantastique, par l'incertitude sur le statut des personnages – comme sur le sens de leur vouloir. Le spectateur toujours contraint à chercher, à ne pas se contenter d'évidences ; un autre mouvement d'éveil, différent de la distance brechtienne, parce que lié au poétique : c'est le poétique, c'est sa polysémie qui fait du théâtre de Koltès à la fois le lieu du mystère du sentir, et l'espace de la beauté.

La beauté. Pour finir, l'effet qu'il désire avant tout produire sur le spectateur, c'est le "plaisir" comme dit Brecht, mais d'abord le plaisir de la beauté : "la beauté, c'est ce que nous devons produire" (même si, dit-il aussi, de plus en plus rares sont ceux qu'elle intéresse). "Je crois que la seule morale qui nous reste est celle de la beauté. Et il nous reste à nous seulement la beauté du langage, la beauté comme telle. Sans la beauté, il ne vaudrait pas la peine de vivre. Alors défendons cette beauté, protégeons cette beauté, même si elle n'est quelquefois pas très morale. Mais je crois en fait que la beauté est la seule morale[192]."

FORTUNE DU THÉÂTRE DE KOLTÈS

Une œuvre difficile à juger...

Cette œuvre passe du statut confidentiel à une gloire mondiale progressivement. Pour quelles raisons, le lecteur peut le concevoir : pas d'œuvre contemporaine offrant au même degré à la fois une perspective actuelle sur l'univers qui nous entoure, une présence immédiate, suffocante, et la rigueur d'une écriture que l'on dirait de bronze si elle n'était si fluide. Ecriture de poète, éternelle.

Un coup d'œil sur les premières critiques offrirait les plaisirs du comique, s'il ne donnait aussi la mesure d'une originalité, d'une nouveauté désarmantes. Ce langage est difficile à entendre, à la mesure de sa transparence.

Ce que montre François Regnault, avec beaucoup d'humour, dans son beau texte : "Perplexe, comme toujours, non devant ce qui n'est ni fait ni à faire, brouillon, inachevé, dont elle raffole, mais devant ce qui est réellement composé, quoique non classique, la critique française dans son ensmble a procédé avec K. en trois temps. Le premier moment de surprise passé, elle se dit d'abord : Koltès, on n'y comprend rien, qu'est-ce qu'il veut ? pas la peine, une fois suffit. Ensuite elle se dit : si Chéreau remet ça avec Koltès c'est qu'il doit y avoir quelque chose. Alors elle dit d'un côté : tant qu'il montera du Koltès, moi je n'y mettrai plus les pieds, et, de l'autre, elle se dit : ah bon, alors quel univers ! quelle atmosphère ! quelle énigme ! (...) Et quand Chéreau remet encore ça, alors là, elle capitule, elle renonce à s'exclamer, elle file doux. Alors elle va interviewer l'auteur[1]." Vue encore optimiste : si nous jetons un coup d'œil sur les articles de 1987, au moment de la seconde mise en scène du texte peut-être le plus frappant, *La Solitude*, on voit la presse encore singulièrement agressive. Un spectacle pour intellectuels, c'est ce que pensent *Les Coulisses* (Bruxelles, automne 1988) : "Bon spectacle pour les branchés", et, toujours à Bruxelles, *L'Echo de la Bourse* (26 février 1987) repère la syntaxe littéraire (c'est bien vu) et se plaint : "Les car abondent, avec les quoique et les bien que, et ne font qu'ajouter à la prétention accumulée dans l'énoncé de vérités généralement creuses... Koltès fâché avec la clarté et la concision." Même écho en France, Marcabru (*Figaro*, 13 février 1987) est péremptoire : "Ce discours tourne à vide... Au bout d'un quart d'heure, on sait que tout a été dit, que le ressassement, que la rhétorique ont été substitués à la vie... La langue de K. est métaphysique, confuse, obscure, logomachique." Il n'est pas aimable non plus pour Chéreau : "Un jeu outrancier et hurlé." Cela ne suffit pas au *Figaro*, qui récidive la semaine suivante sous la plume de J. Nerson : "Chers messieurs Bailly et

Koltès, si vos pièces sont jugées confuses et ennuyeuses, c'est qu'il est sacrément difficile de nous intéresser à des secrets qu'on refuse de nous communiquer." Apparemment Nerson n'est pas excité par l'énigme et il conclut : "Il (Koltès) n'apprendra jamais, j'en ai peur, à écrire une bonne pièce de théâtre." Un pronostic assez fâcheux… *Le Quotidien du médecin* (17 février 1987) se plaint du "maniérisme de ces jeux intellectuels". *Le Canard enchaîné* (18 février 1987) : "Emphase et prétention… La pièce ? Ah oui. Quelle pièce ? Jusqu'où dérivera Chéreau ?" Fabienne Pascaud dans *Télérama* (18 février 1987) : "Ce verbe-là, si chargé, n'engendre plus, n'engendre pas. Tout est vanité" (elle chantera plus tard la palinodie). Bien d'autres formules destructrices, que dix ans écoulés rendent comiques. De cette incertitude l'article de *Libération* (23 novembre 1987), au demeurant documenté, porte témoignage : "Cela donne un spectacle et des acteurs aussi fluctuants que le texte. Perdus quand les mots se perdent. Splendides quand Koltès le veut." Mais quelques voix disent admirer sans réserve, ainsi Michel Boué dans *L'Humanité* (23 juillet 1988) : "La pièce de Koltès est charnelle jusque dans la sensualité de la langue et de la syntaxe : ces deux voyous causent en une langue presque précieuse de salon littéraire qui donne à l'ensemble sa teneur philosophique et théâtrale." Dans *Révolution* (12 octobre 1988) : "Une méditation décapante sur la relation de désir quand il est traité comme une marchandise dans le monde d'aujourd'hui, dominé par l'avoir et la possession" – et surtout Colette Godard dans *Le Monde* (23 novembre 1987) : "… la plus belle pièce jusqu'à présent de Bernard-Marie Koltès.

Elle deviendra aussi importante peut-être que *En attendant Godot*."

Et puis Chéreau monte *Le Retour au désert*, et là le paysage change ; quoi donc ? ce petit révolutionnaire iconoclaste devient auteur de boulevard, avec Maillan et Piccoli ? Mais alors, c'est peut-être un grand écrivain ? Et la presse offre le spectacle comique d'une pluie d'interviews (il y en a davantage avec Jacqueline Maillan et Piccoli, mais tout de même…). Au demeurant on ne trouve quasiment aucune analyse de l'œuvre, et même aucun jugement (on se méfie), sinon celui d'Armelle Héliot dans *Le Quotidien de Paris* (13 septembre 1988) : "… un texte étonnant, à l'écriture bouleversante. On ne peut pas lâcher le fil, renoncer à un mot sans que tout l'édifice s'écroule. Un écrivain, on vous l'a dit : une langue superbe, qui se moque de naturel et de convenance. (…). Ici on ne dialogue pas, on joue sa vie sur le plateau." Devant les louanges, K. réagit : "Devenir l'auteur dont on parle, je m'en fous. Je ne connais aucun critique, je me coupe complètement de tout ça." Et il insiste : "Ce qui me plaît dans mon métier, c'est la gratuité. Faire du théâtre est la chose la plus superficielle, la plus inutile du monde, et du coup on a envie de la faire à la perfection. La seule autre chose qui aurait un sens, ce serait d'aller en Afrique, soigner des gens, mais il faudrait être un saint. (…) C'est là ma grande entente avec Chéreau. Savoir que le théâtre est totalement inutile et qu'à partir de là, il faut le faire le plus parfaitement du monde. Je prends un plaisir fou à le faire et à voir le public y prendre du plaisir" (*L'Ampli*, 27 octobre et 3 novembre 1988). Distance qu'il prend par rapport à toute tentation de se "prendre au sérieux", soi et son théâtre.

Ce qui ne l'empêche pas de protester vigoureusement quand on lui paraît dénaturer son œuvre. Ainsi du *Retour* à Hambourg : "J'ai piqué une crise parce que j'ai appris que les Arabes de la pièce étaient joués par des Allemands – et je ne savais pas, ce que j'ai appris depuis, que c'était avec des turbans dans les cheveux. J'ai dit à mon agent en Allemagne : «Mais enfin, ils auraient pu demander à des Turcs.» Puis j'ai reçu une lettre du théâtre me disant : «Rassurez-vous, la rumeur qui nous est parvenue, comme quoi un Turc jouait dans le spectacle est tout à fait fausse.» Alors là je me suis senti profondément blessé comme personne, indépendamment de l'auteur" (*L'Evénement du Jeudi*, 12 janvier 1989). Et ces turbans, "ridicules, affreusement vulgaires", dit-il au *Spiegel*...

Une gloire internationale

On a peine à mesurer l'étendue de la renommée de cette œuvre – des textes que l'on veut immédiatement traduire et jouer. (J'étais durant l'hiver 1996-1997 en Argentine et j'ai eu la surprise de voir par hasard une assez belle *Solitude*, sensible, mais dont le défaut était de mettre l'accent – excessivement à mon sens, et, semble-t-il, contre le vouloir de l'auteur – sur la dimension de la drague homosexuelle.) La diffusion nationale et internationale de l'œuvre a été aidée par la politique d'ouverture de François Koltès qui accorde presque toujours les droits de représentations à tout projet.

Le théâtre de Bernard Koltès a été joué dans quarante-sept pays (chiffre inférieur à la réalité : il faudrait distinguer des groupes différents, en

Grande-Bretagne, en Espagne, en Belgique). Il a été traduit en trente langues, à quoi il faut ajouter… l'alsacien (renseignements fournis par François Koltès). Aucun auteur dramatique contemporain de langue française n'atteint ce chiffre. Une gloire mondiale dont il a eu le soupçon avant de mourir, mais dont il ne pouvait certes mesurer l'ampleur.

La dernière mise en scène de *La Solitude* par Chéreau (1995-1996) est une représentation-culte. Elle consacre non seulement le metteur en scène dont le renom s'accroît encore, mais un grand écrivain : "le public est tombé follement amoureux de la sauvagerie de cette ronde macabre autour du désir, de l'amour et de la mort, qui dit tant sur le chaos d'aujourd'hui" (M. Amar, *Télérama*). Deux personnages, "on n'oublie pas leur danse sauvage sur les accents de Massive Attack. Elle a valeur de manifeste sur l'implication totale de l'être aux temps mortifères où nous sommes" (J.-P. Léonardini, *L'Humanité*, 20 novembre 1995). Une œuvre qui dit le jour présent. Un "opéra déchiré, splendide, précieuse pierre noire dans l'histoire du théâtre d'aujourd'hui" (O. Schmitt, *Le Monde*, 21 mai 1995). A. Rémond (*Télérama*, 27 janvier 1996) : "Des mots diamants, qui transpercent la nuit, des mots, des images au bord de l'infini."

C'est le triomphe des écrivains-poètes non seulement de dire ce qui importe à tous, mais de le dire dans une langue d'une telle beauté musicale, imagée, qu'elle excite le désir du traducteur : un merveilleux défi pour l'écrivain – comme pour le metteur en scène et les autres artistes du théâtre, le scénographe, le musicien, l'homme de la lumière, les comédiens. Une sollicitation, une joie pour tous.

Une si forte, une si angoissante image de notre monde. Et la sérénité du grand art.

NOTES

LE JEUNE HOMME ET LA MORT

1. *Prologue* et autres textes, Koltès, Minuit, p. 120.
2. *Idem*, p. 60.

ITINÉRAIRE ET CRÉATIONS

1. Entretien diffusé sur France Culture et publié dans *Théâtre / Public*, n° 136-137.
2. *Ibid.*
3. *Ibid.*
4. *In Théâtre / Public*, n° 136-137, juillet-octobre 1997, p. 29.
5. *Idem*, p. 28.
6. *In Séminaire*, V, de Jacques Lacan, p. 208-209.
7. *In Théâtre / Public*, *op. cit.*, p. 34.
8. Propos recueillis par M. Genson, *Le Républicain lorrain*, 27 octobre-3 novembre 1988.
9. *In Théâtre / Public*, *op. cit.*, p. 27.
10. "Koltès", *in Alternatives théâtrales*, n° 35-36, p. 194.
11. *In* revue *Europe*, 1er trimestre 1983.
12. *In Théâtre / Public*, *op. cit.*, p. 27.
13. Lettre citée dans le film de François Koltès.
14. *Idem*.
15. *In Théâtre / Public*, *op. cit.*, p. 27.
16. *Ibid.*
17. *Ibid.*
18. *In* revue *Europe*, *op. cit.*

19. *Ibid.*
20. "Koltès", *in Alternatives théâtrales, op. cit.*, p. 109.
21. *In Théâtre / Public*, n° 136-137, *op. cit.*, p. 34.
22. Entretien avec V. Hotte, *Théâtre / Public*, novembre-décembre 1988.
23. *In Théâtre / Public*, n° 136-137, *op. cit.*, p. 25.
24. *In* revue *Europe, op. cit.*, p. 51.
25. *In Théâtre / Public*, n° 136-137, *op. cit.*, p. 38.
26. Entretien avec Alain Prique, *Masques*, 1984.
27. Entretien avec J.-P. Han *in* revue *Europe*, 1983 ; repris *in Europe*, novembre-décembre 1997, p. 29.
28. *Ibid.*
29. *Ibid.*
30. *In Politique-Hebdo*, 11 janvier 1981.
31. *In Alternatives théâtrales, op. cit.*, p. 18.
32. *Idem*, p. 47.
33. *In Théâtre / Public*, n° 136-137, *op. cit.*, p. 47.
34. *In Alternatives théâtrales, op. cit.*, p. 115.
35. *Ibid.*
36. Souvenirs de Madeleine Comparot.
37. *In* revue *Europe, op. cit.*, p. 11-12.
38. Entretien avec Njali Simon dans *Bwana Magazine*, mars 1983.
39. *In Théâtre / Public*, n° 136-137, *op. cit.*, p. 32.
40. *Idem*, p. 116.
41. *Idem*, p. 30.
42. *In* revue *Europe, op. cit.*, p. 19-20.
43. *Idem*, p. 18.
44. Entretien avec M. Merschmeier, *Theater Heute*, juillet 1983.
45. Lettre à H. Gignoux, *in* revue *Europe, op. cit.*, p. 16.
46. *Ibid.*
47. *In Combats avec la scène, op. cit.*, p. 43.
48. *In* revue *Europe, op. cit.*
49. *Ibid.*, p. 30.
50. *Ibid.*
51. *In Théâtre / Public, Ibid.*, p. 30.
52. Entretien avec Alain Prique, *Gai Pied*, 1983.
53. Entretien avec Didier Méreuze, *Alternatives théâtrales, op. cit.*, p. 107.
54. *Ibid.*
55. "Le lien durable avec un auteur contemporain", *in Combats avec la scène*, p. 42 *sq.*
56. Entretien avec Armelle Héliot, *Le Quotidien de Paris*, 25 janvier 1990.

57. *Ibid.*, p. 43.
58. *In Combats avec la scène, op. cit.*, p. 43.
59. *Ibid.*
60. *Ibid.*, p. 44.
61. *Idem*, p. 45.
62. *Ibid.*
63. *Ibid.*
64. *In Combats avec la scène, op. cit.*, p. 92.
65. *Idem*, p. 74.
66. *Ibid.*
67. *Ibid.*
68. *Ibid.*
69. *In La Représentation émancipée*, Bernard Dort, Actes Sud, Arles, 1988, p. 79-80.
70. Samra Bonvoisin, *in Combats avec la scène, op. cit.*, p. 80.
71. *Idem*, p. 82.
72. *In Alternatives théâtrales*, 1985.
73. *In Nanterre-Amandiers, les années-Chéreau*, Le Spectateur français, Imprimerie nationale, 1990, p. 320.
74. *In* revue *Europe, op. cit.*, p. 10.
75. *Idem*, p. 31.
76. *In Combats avec la scène, op. cit.*, p. 46.
77. *Ibid.*
78. Notes du texte *Un hangar à l'ouest*, in *Roberto Zucco*, p. 111-116.
79. *Ibid.*
80. *Ibid.*
81. Chéreau, *in Combats avec la scène, op. cit.*, p. 46.
82. Nanterre, 1986.
83. Chéreau, *in Combats avec la scène, op. cit.*, p. 46.
84. Diffusion sur France Culture, dans une réalisation de Christine Bernard-Sugy, le 3 août 1986.
85. *In Combats avec la scène, op. cit.*, p. 64.
86. Voir *infra*, p. 115 *sqq.*
87. In *Combats avec la scène*, p. 47.
88. *Ibid.*
89. *In L'Express*, 15 novembre 1995.
90. *In Dans la solitude des champs de coton*, p. 7, didascalie initiale.
91. *In La Marseillaise*, 27 septembre 1995.
92. O. Schmitt, *in Le Monde*, 14 septembre 1995.
93. *In Combats avec la scène, op. cit.*, p. 47.
94. *Ibid.*

95. *Ibid.*
96. *In Théâtre / Public, op. cit.*, p. 38.
97. *In Combats avec la scène, op. cit.*, p. 48.
98. *Idem*, p. 62-63.
99. *Idem*, p. 63.
100. F. Ferney, *in Le Figaro*, 17 novembre 1995.
101. *In Combats avec la scène, op. cit.*, p. 56-59.
102. Angelina May, été 1995.
103. *Ibid.*
104. *In Le Méridien*, 7 octobre 1995.
105. *In Combats avec la scène, op. cit.*, p. 156.
106. *Ibid.*
107. *Ibid.*, p. 123.
108. *Idem*, p. 48.
109. *In L'Ampli*, 27 octobre 1988.
110. *In Théâtre / Public, op. cit.*, p. 38.
111. *Ibid.*
112. *In Nanterre-Amandiers, les années-Chéreau, op. cit.*, note de Koltès, p. 262.
113. *In Benjamin Heinrichs, idem*, p. 270.
114. *In Combats avec la scène, op. cit.*, p. 23.
115. *In Nanterre-Amandiers, les années-Chéreau, op. cit.*, p. 268.
116. *In Combats avec la scène*, p. 50.
117. *Idem*, p. 48.
118. *Idem*, p. 49.
119. *In Nanterre-Amandiers, les années-Chéreau, op. cit.*, p. 269.
120. *In Combats avec la scène, op. cit.*, p. 48.
121. "Programme", *in Combats avec la scène, op. cit.*, p. 86.
122. P. 60.
123. Astrid Fischer-Barnicol, *in Théâtre / Public, op. cit.*, p. 61.
124. *In Le Monde*, 26 septembre 1988.
125. *In Alternatives théâtrales, op. cit.*, p. 41.
126. *Ibid.*
127. *In Combats avec la scène, op. cit.*, p. 50.
128. *In* Robert Belleret, *Le Monde*, 9 janvier 1992 ; *in Combats avec la scène, op. cit.*, p. 133.
129. *In Alternatives théâtrales, op. cit.*, p. 53.
130. Lluis Pascal, *in Combats avec la scène, op. cit.*, p. 110.
131. *Idem*, p. 104-106.
132. *Idem*, p. 107.

133. *In Combats avec la scène, op. cit.*, p. 108.
134. *Idem*, p. 108.
135. Lluis Pascal, *in Combats avec la scène, op. cit.*, p. 110-112.
136. Hervé Guibert, "Le protocole compassionnel", *in Combats avec la scène, op. cit.*, p. 198.
137. 1991, aux Editions de Minuit, comme tous les textes de Koltès.

LECTURE DE L'ŒUVRE

1. *In* revue *Europe, op. cit.*, p. 32.
2. Voir *infra*, p. 156 *sqq.*
3. *In La Nuit*, p. 1.
4. *Idem*, dernière page.
5. *Idem*, p. 1.
6. *Idem*, p. 10.
7. *Idem*, p. 11.
8. *Idem*, p. 63.
9. *Idem*, p. 7-8.
10. *Idem*, p. 15-16.
11. *Idem*, p. 22.
12. *Idem*, p. 37.
13. *Idem*, p. 63.
14. *In* revue *Europe, op. cit.*, p. 32.
15. Entretien avec Armelle Héliot, revue *Acteurs*, mars-avril 1983.
16. *In Quai Ouest*, p. 99.
17. Pour mettre en scène *Quai Ouest, in Quai Ouest*, annexe, p. 108.
18. Voir *infra*, "La demande d'amour", p. 150 *sq.*
19. Dans la mise en scène de 1995, après la menace du Dealer : "Je me fâcherai peut-être" (p. 59), Chéreau met une pause où les deux boivent ensemble et qui se termine par un étrange pas de deux dansé avant l'aveu du Client : "J'attendais de vous."
20. *In* revue *Europe, op. cit.*, p. 41.
21. *In La Nuit juste avant les forêts*, p. 63.
22. *Idem*, p. 51.
23. *In Le Retour au désert*, p. 80.
24. *In Dans la solitude...*, p. 31.
25. *In Roberto Zucco*, p. 25.
26. *In Le Retour au désert*, p. 41-42.

27. *In Théâtre / Public, op. cit.*, p. 59.
28. *In Dans la solitude…*, p. 22-23.
29. *Idem*, p. 24-25.
30. *Un hangar à l'ouest*, notes pour *Quai Ouest*, p. 119-120.
31. Entretien avec Anne Blancard, Radio-France International.
32. *In Dans la solitude…*, p. 46 et 53.
33. *In Quai Ouest*, p. 14.
34. *Ibid.*
35. *In Quai Ouest*, p. 32.
36. *In Le Retour au désert*, p. 11.
37. Propos recueillis par Delphine Boudon, in *Gazette du français*, n° 25, avril 1986.
38. *In Alternatives théâtrales, op. cit.*, p. 84.
39. *Idem*, p. 85.
40. *In Roberto Zucco*, p. 29.
41. *Idem*, p. 39.
42. *In Dans la solitude…*, p. 9.
43. *Idem*, p. 12.
44. *In Un hangar à l'ouest*, p. 122.
45. Voir *infra*, p. 182, retour au mythe.
46. *In Un hangar à l'ouest*, p. 117.
47. Entretien avec Anne Blancard, Radio-France International.
48. Propos receuillis par Delphine Boudon, *op. cit.*
49. *Ibid.*
50. Entretien avec C. Godard, *in Le Monde*, 13 juin 1986.
51. *Ibid.*
52. *In Sud-Ouest-Dimanche*, 8 février 1987.
53. Les 27 octobre et 3 novembre 1988.
54. Voir *infra*, p. 163 *sq.*
55. *In Le Matin*, 22 février 1983.
56. *In La Quinzaine littéraire*, 12 mars 1983.
57. *In Un hangar à l'ouest*, p. 119.
58. *Idem*, p. 117.
59. Entretien avec C. Godard, *op. cit.*
60. *In Un hangar à l'ouest*, p. 118.
61. *In La Croix*, 21 avril 1986.
62. *In Quai Ouest*, p. 107.
63. *In Un hangar à l'ouest*, p. 119.
64. *In La Nuit…*, p. 22.
65. Le jour même où j'écris cette page, le 31 août 1998, *Le Monde* (p. 8) raconte les exploits des skinheads du Havre : "Le 18 avril 1990, au bar *La Boleta*, ils étaient une vingtaine à écluser des bières et à réfléchir à une activité pour la

soirée. "Une ratonnade", a proposé l'un d'eux. "Adopté !" Ils rencontrent un Mauricien, lui font boire un mélange sans doute de bière et d'eau de Javel et le jettent à l'eau ; il ne se noie pas mais meurt empoisonné. Les bourreaux reviennent au café, tout heureux ; ils ont fait son affaire au «boucaque» (mot condensé de bougnoule et de macaque). Plus tard, ils récidiveront."

66. *In Combat*..., p. 25.

67. *Idem*, p. 51.

68. *Idem*, p. 46.

69. *Idem*, p. 62.

70. *In Roberto Zucco*, p. 18.

71. *Idem*, p. 30.

72. *Idem*, p. 79-80.

73. *In Quai Ouest*, p. 87.

74. *In* Jacques Lacan, *Séminaire V*, *op. cit.*, p. 494-495.

75. *In La Nuit*..., p. 49.

76. *In Un hangar à l'ouest*, p. 108.

77. *In La Nuit*..., p. 12-13.

78. De cette obsession de l'échange mercantile comme loi capitaliste, et comme universel despotisme, une note annexée à *Combat* (p. 113) en donne l'image parlante : "MON ENTREPRISE, PAR HORN. Ma vraie famille, s'il en faut une, c'est elle (...) Quelles têtes, il doit y avoir, là-haut, quelle tête, bon Dieu ! (...) Mais la tête, la vraie, celle qui dirige tout – à Paris, peut-être, allez donc savoir ! –, je préfère ne pas avoir affaire à elle. (...) Je n'ai pas peur des hommes, je n'ai pas peur des émeutes (...) pas peur des bêtes sauvages ; même de la guerre, je m'en fous. (...) Mais quelle chance tu peux avoir contre une tête qui a, d'un bout du monde à l'autre, mille chantiers dans la tête, avec chaque fois chaque machine, chaque camion, chaque centime, chaque homme, comme si tu étais le seul, et jusqu'à la bouteille de whisky qui est là et dont elle sait qu'elle est là, jusqu'à la cigarette que je fume et qu'elle sait que je fume. (...) Oui, cela pourrait bien me faire peur, bon Dieu."

79. *In Combat*..., p. 105.

80. *Idem*, p. 102-103.

81. *In Quai Ouest*, p. 38.

82. *In Roberto Zucco*, p. 75.

83. *Idem*, p. 93.

84. *Idem*, p. 28.

85. Entretien avec L. Attoun, *Théâtre / Public*, *op. cit.*, p. 29-30.

86. *Ibid.*
87. Entretien avec L. Attoun, *op. cit.*, p. 31.
88. *In Combat de nègre et de chiens*, p. 92.
89. *In La Solitude…*, p. 60.
90. Entretien avec L. Attoun, *op. cit.*, p. 36.
91. *Ibid.*
92. *Ibid.*
93. Entretien avec L. Attoun, *op. cit.*, p. 41.
94. *Ibid.*
95. Entretien avec L. Attoun, *op. cit.*, p. 42.
96. *Prologue*, *op. cit.*, p. 121.
97. Entretien avec Anne Blancard, Radio-France International.
98. *Bwana Magazine*, *op. cit.*
99. François Koltès, *in* revue *Europe*, décembre 1997, p. 10.
100. Il n'y a rien d'étonnant – c'est une loi quasi générale – à ce que la théorie (philosophique, psychologique) vienne confirmer et proprement "expliquer" la création littéraire contemporaine ou quasi contemporaine. Pensée théorique et écriture vont de pair au même moment de l'histoire. Et Koltès n'a pas lu Lacan, ni Lacan Koltès, pour des raisons radicales.
101. *In* J. Lacan, *Séminaire*, V, *op. cit.*, p. 499.
102. *Idem*, p. 476.
103. *Idem*, p. 494.
104. *Idem*, p. 400.
105. *Ibid.*
106. *In Dans la solitude…*, p. 60.
107. *In* J. Lacan, *op. cit.*, p. 402.
108. *Idem*, p. 403.
109. *In Dans la solitude…*, p. 15.
110. *Idem*, p. 51.
111. *In* J. Lacan, *op. cit.*, p. 402.
112. *In Dans la solitude…*, p. 59.
113. *In* J. Lacan, *op. cit.*, p. 494.
114. *In Dans la solitude…*, p. 61.
115. *In* J. Lacan, *op. cit.*, p. 494.
116. *In Roberto Zucco*, p. 17-18.
117. *Idem*, p. 68.
118. *In Dans la solitude…*, p. 60.
119. *In Roberto Zucco*, p. 48.
120. *In Tabataba*, p. 100.
121. Entretien avec Anne Blancard, Radio-France International.
122. *Ibid.*

123. *In La Nuit...*, p. 7.
124. *Idem*, p. 15.
125. *Idem*, p. 28.
126. *Idem*, p. 63.
127. *In Combat de nègre et de chiens*, acte XV, p. 92.
128. *Idem*, acte XVIII, p. 102-103.
129. *Idem*, acte XIX, p. 104-106.
130. *In Quai Ouest*, p. 46.
131. *Idem*, p. 52.
132. *Idem*, p. 59-62.
133. *Idem*, p. 86-87.
134. *Idem*, p. 99-100.
135. *In Le Retour au désert*, p. 36-37.
136. *In Roberto Zucco*, acte III, p. 19-21.
137. *Idem*, p. 28.
138. *Idem*, acte XIV, p. 89.
139. *Idem*, acte VIII, p. 48.
140. *In Dans la solitude...*, p. 12.
141. *Idem*, p. 49.
142. *In* le film de François Koltès.
143. Voir *infra*, p. 177 *sq*.
144. *In Roberto Zucco*, p. 30-31.
145. *Idem*, p. 36.
146. *Idem*, p. 39.
147. *Idem*, p. 36.
148. *In Quai Ouest*, p. 101.
149. *In La Croix*, 21 avril 1986.
150. Entretien avec Anne Blancard, *op. cit.*
151. *In Sud-Ouest-Dimanche*, 8 février 1987.
152. *In Bleu-Sud*, mars-avril 1987.
153. In *Alternatives théâtrales*, octobre 1987.
154. *Idem*, p. 17.
155. Entretien avec Anne Blancard, *op. cit.*
156. *Ibid.*
157. *In Le Retour au désert*, p. 76-77.
158. *In Dans la solitude...*, p. 9.
159. *Idem*, p. 12.
160. *Idem*, p. 60.
161. Monique Le Roux, *in La Quinzaine littéraire*, 2 mars 1997.
162. *In Dans la solitude...*, p. 20.
163. *In Le Retour au désert*, p. 27.
164. *Idem*, p. 41.
165. *Idem*, p. 18.

166. *Idem*, p. 19.
167. *Idem*, p. 51.
168. *Idem*, p. 60.
169. *In Dans la solitude...*, p. 11.
170. *Idem*, p. 49.
171. *Idem*, p. 60.
172. *In Le Retour au désert*, p. 63.
173. *In Combat...*, p. 100.
174. *In Tabataba*, p. 101.
175. *Idem*, p. 106.
176. *In Dans la solitude...*, p. 31.
177. Entretien avec Anne Blancard, Radio-France International.
178. *In Roberto Zucco*, monologue de la Sœur, p. 84.
179. *Idem*, p. 89.
180. *In Tabataba*, p. 106.
181. *In Roberto Zucco*, acte VIII, p. 49.
182. Monique Le Roux, *op. cit.*
183. *In Roberto Zucco*, p. 25.
184. *Idem*, p. 89.
185. *In Dans la solitude...*, p. 30.
186. *In Quai Ouest*, p. 101.
187. *In Combat...*, p. 32-33.
188. *Idem*, p. 34-36.
189. *In Le Retour au désert*, p. 42.
190. *Idem*, p. 42.
191. *In Le Quotidien de Paris*, 25 janvier 1990.
192. Entretien *in Der Spiegel*, n° 43, 1988.

FORTUNE DU THÉÂTRE DE KOLTÈS

1. *In Nanterre-Amandiers, les années Chéreau*, p. 324.

CHRONOLOGIE

9 avril 1948. Naissance à Metz de Bernard-Marie Koltès.
1958. Elève pensionnaire à Saint-Clément, collège jésuite de Metz.
1960. Etudes de piano, il aimera particulièrement Chopin, Bach, Scarlatti.
1961. Lecture de Molière.
1963. Se passionne pour le cinéma, voit les grands classiques américains.
1964. Lit Rimbaud, se plonge dans les *Méditations métaphysiques* de Descartes. Se met à l'orgue.
1967. Est quelques mois élève dans une école de journalisme.
1968. Ne participe pas à la révolte étudiante, mais en suit le déroulement. Voyage au Canada, à New York.
1969. Strasbourg. Assiste à la *Médée* de Sénèque, voit Maria Casarès.
1970. Ecrit *Les Amertumes* (mai, Théâtre du Quai). Obtient une bourse pour le TNS. Lecture probable des *Sept Piliers de la sagesse*.
1971. Lit la Bible, une seconde fois. Ecrit *La Marche*, montée en avril puis *Procès ivre* (monté en juin).
1972. Ecrit *L'Héritage*. A partir de cette date, fait de fréquents séjours à Paris où il s'installe en 1976.
1973. Ecrit *Récits morts* (monté en mai à Strasbourg). Fait en voiture un voyage en URSS.
1974. Ecrit *Des voix sourdes*, diffusion radiophonique par Jacques Taroni, repris par G. Peyron, sur

France Culture. Commence *La Fuite à cheval très loin dans la ville.*
Ecrit *Le Jour des meurtres dans l'histoire d'Hamlet.*
1975. Tentative de suicide. Drogue.
1976. Se désintoxique. Achève son roman *La Fuite à cheval très loin dans la ville.* S'inscrit au parti communiste ; le quitte lors de l'intervention en Afghanistan.
1977. Ecrit *La Nuit juste avant les forêts* ; Yves Ferry le joue. Va au premier concert de Bob Marley. Ecrit *Sallinger,* commandé par Bruno Boeglin, joué à l'Eldorado à Lyon.
1978. Voyage au Nicaragua, puis passe plusieurs semaines au Guatemala. Premier voyage en Afrique, au Nigeria.
1979. Voyage au Mali, en Côte-d'Ivoire. Long séjour au Guatemala (lac Atitlán).
Ecrit *Combat de nègre et de chiens,* monté à Théâtre Ouvert.
1980. Au printemps lit intégralement Proust. Assiste au dernier concert de Bob Marley. Diffusion radio de *Combat.*
1981. La Nuit juste avant les forêts montée à l'Odéon par Jean-Luc Boutté avec Richard Fontana.
Retour à New York.
1982. New York. *Combat* monté à la Mamma par Françoise Kourilsky.
Rencontre de Chéreau ; figuration dans *L'Homme blessé,* le film de Chéreau.
1983. Combat monté par Chéreau à Nanterre. Rencontre de Heiner Müller.
Retour à New York : écoute le rap à Washington Square. Premiers signes de la maladie.
1984. Voyage au Sénégal.
Ecrit un scénario : *Nickel Stuff,* pour Chéreau.
Publication de *La Nuit juste avant les forêts* aux Editions de Minuit.
1986. Ecrit *Tabataba,* monté par Théâtre Ouvert à Avignon, puis diffusé sur France Culture. Ecrit *Quai Ouest,* monté par Chéreau à Nanterre.
1987. Ecrit *Dans la solitude des champs de coton* (Chéreau à Nanterre – janvier).
1988. (Février) voit une photo du *serial killer* Zucco. Traduit *Le Conte d'hiver* (Shakespeare – Luc

Bondy). Achève *Le Retour au désert*, monté par Chéreau (Théâtre du Rond-Point en septembre). Ecoute le raï.
1989. Achève *Roberto Zucco.* Déjà très malade, fait un dernier voyage au Mexique et au Guatemala. Hôtel *L'Aigle* à Montparnasse. Voyage à Lisbonne, accompagné de Bankolé, Carlos Bonfil, Claire Denis. Retour le 4 avril, entre à l'hôpital le 5. Mort le 15 avril.
1990. Création de *Roberto Zucco* par Peter Stein à la Schaubühne, Berlin.

BIBLIOGRAPHIE

Toute l'œuvre de Bernard-Marie Koltès est publiée par les Editions de Minuit :

La Fuite à cheval très loin dans la ville, roman, 1984
Quai Ouest, théâtre, 1985
Dans la solitude des champs de coton, théâtre, 1986
Le Conte d'hiver (traduction de la pièce de Shakespeare), 1988
La Nuit juste avant les forêts, théâtre, 1988
Le Retour au désert, théâtre, 1988
Combat de nègre et de chiens, théâtre, 1983-1989
Roberto Zucco suivi de *Tabataba*, théâtre, et de *Un hangar à l'ouest*, 1990
Prologue, 1991
Sallinger, théâtre, 1995
L'Héritage, théâtre, 1998
Les Amertumes, théâtre, 1998

Nanterre-Amandiers, les années-Chéreau, Le Spectateur français, Imprimerie nationale, 1990
"Koltès", *Alternatives théâtrales*, n° 35-36, 1992
Koltès, Combats avec la scène, Théâtre aujourd'hui, CNDP, 1996
"Koltès", *Théâtre / Public*, juillet-octobre 1997
"Koltès", revue *Europe*, décembre 1997
Carolina Diglio, *Bernard-Marie Koltès*, Istituto universitario orientale, Napoli, 1998

COLLECTION *APPRENDRE*
(coédition CNSAD)

n° 1 : Peter Sellars
Théâtre et histoire contemporains 1

n° 2/3 : Les Conférences d'une saison russe
Théâtre et histoire contemporains 2

n° 4 : De la parole au chant

n° 5 : Bailly/Lavaudant
Théâtre et histoire contemporains 3

n° 6/7 : Philippe Adrien, Instant par instant
En classe d'interprétation

n° 8 : Avec Shakespeare de Peter Brook

n° 9 : Richard Foreman (abécédaire) par Anne Bérélowitch

OUVRAGE RÉALISÉ
PAR L'ATELIER GRAPHIQUE ACTES SUD
REPRODUIT ET ACHEVÉ D'IMPRIMER
EN FÉVRIER 1999
PAR L'IMPRIMERIE FLOCH
A MAYENNE
SUR PAPIER DES
PAPETERIES DE JEAND'HEURS
POUR LE COMPTE DES ÉDITIONS
ACTES SUD
LE MÉJAN
PLACE NINA-BERBEROVA
13200 ARLES

DÉPÔT LÉGAL
1re ÉDITION : MARS 1999
N° impr. : 45620
(Imprimé en France)